# 边境区域经济增长与产业结构关系的
## 案例研究

>> 王周博　胡文静　刘沁雨　何　兴／著

西南财经大学出版社

中国·成都

图书在版编目(CIP)数据

边境区域经济增长与产业结构关系的案例研究/王周博等著.—成都:西南财经大学出版社,2022.12
ISBN 978-7-5504-5134-6

Ⅰ.①边… Ⅱ.①王… Ⅲ.①区域经济—经济增长—关系—产业结构—研究—中国 Ⅳ.①F127

中国版本图书馆 CIP 数据核字(2022)第 247490 号

## 边境区域经济增长与产业结构关系的案例研究
BIANJING QUYU JINGJI ZENGZHANG YU CHANYE JIEGOU GUANXI DE ANLI YANJIU

王周博 胡文静 刘沁雨 何兴 著

责任编辑:张 岚
责任校对:廖 韧
封面设计:墨创文化
责任印制:朱曼丽

| | |
|---|---|
| 出版发行 | 西南财经大学出版社(四川省成都市光华村街 55 号) |
| 网 址 | http://cbs.swufe.edu.cn |
| 电子邮件 | bookcj@swufe.edu.cn |
| 邮政编码 | 610074 |
| 电 话 | 028-87353785 |
| 照 排 | 四川胜翔数码印务设计有限公司 |
| 印 刷 | 四川五洲彩印有限责任公司 |
| 成品尺寸 | 170mm×240mm |
| 印 张 | 10.75 |
| 字 数 | 203 千字 |
| 版 次 | 2022 年 12 月第 1 版 |
| 印 次 | 2022 年 12 月第 1 次印刷 |
| 书 号 | ISBN 978-7-5504-5134-6 |
| 定 价 | 68.00 元 |

# 前 言

　　自 2008 年爆发了由美国次贷危机引发的全球性金融危机后，世界各国都面临着国内、国际出现的越来越多的新考验和新危机。习近平总书记提出，世界处于百年未有之大变局。2020 年，新冠疫情的全球大流行加剧了大变局的演进，经济遭遇全球化逆流，国际贸易和投资大幅萎缩。在这样一个更加不稳定、不确定的世界中如何谋求我国经济的进一步发展便成为新课题。习近平总书记强调："推动经济高质量发展，要把重点放在推动产业结构转型升级上。"世界的其他主要经济体似乎也都不约而同地选择了将产业结构优化作为复苏经济的"灵丹妙药"，美国、日本和以法国为代表的部分欧洲国家纷纷制定并出台了"再制造业化"战略，以期走出金融危机的阴影。产业结构与区域经济增长之间的相互关系再次成为学术界关注的热点问题。

　　当前我国经济高质量发展面临的突出问题是党的十九大报告指出的发展的不平衡不充分问题，而区域经济发展的不平衡不充分是其最主要的表现之一。因而本书研究的主要内容便是产业结构的调整转型升级是否能够帮助解决区域经济差距问题，区域经济增长过程中产业结构的转型升级是否发挥了作用、发挥了多大的作用。对此，我们选择我国的陆地边境地区作为主要研究对象。

　　我国陆地与 14 个国家接壤，陆地边境线长达 2.2 万千米，包括内蒙古、辽宁、吉林、黑龙江、广西、云南、西藏、甘肃、新疆 9 个省、自治区 140 多个陆地边境县（市、旗）和新疆生产建设兵团的 58 个边境团场（以下统称"边境县"）。边境兴则边疆稳，边民富则边防固。陆地边境地区是确保我国国土安全的重要屏障，在全国改革发展稳定大局中具有重要战略地位。但是，由于历史、地理等因素的影响，同其他地区相比，陆地边境地区的社会经济发展水平较为滞后。党中央、国务院对边境地区的建设极为关心，新中国成立以来就采取了一系列措施加强陆地边境地区的建设，包括兴边富民行动、西部大开发战略等，陆地边境地区综合经济实力明显增强，边民生产生活条件大幅改善。本书的研究对象甘肃省肃北蒙古族自治县（简称"肃北县"）既是我国的边防县又是少数民族自治县，还是"丝绸之路"的重要节点县。该县常住人口1.54万人，主要有蒙、汉、回、藏、满、裕固等9个民族，被国务院命名为"全国民族团结进步模范集体"和"第三批全国民族团结进步创建示范单位"，荣获"中国西部最具投资潜力百强县"等殊荣，具有一定的民族、人口、产业结构转型等代表性。

本书在梳理过往区域经济增长与产业结构的关系的基础上，以甘肃省肃北县作为陆地边境地区的代表进行具体的案例实证分析，探究在兴边富民行动实施的20年多中，陆地边境地区的产业结构发生了怎样的变化、有怎样的效果，并据此提出边境地区经济发展的相关建议。本书的主要内容有：

第1章为理论基础及文献综述，重点介绍了经济增长与产业结构关系相关理论的内容和演变过程，这些理论在一定程度上揭示了经济增长与产业结构的关联性和互动机制。

第2章分析了我国区域经济增长与产业结构关系的研究情况。为使区域经济增长与产业结构关系的研究情况更加直观清晰，本书采用当前被广泛使用的可视化文献分析软件 CiteSpace 对相关研究情况进行梳理。结果表明，学者们的研究内容呈现出由理论走向实证、由全国的"面"走向地方的"点"、由纯经济走向经济与生态相联系的趋势。

第3章介绍了我国陆地边境地区发展历史及现状。本章以肃北县作为研究案例，从产业发展相关的自然地理环境、人文地理环境，以及边境地区的历史和制度沿革等角度，深入分析了甘肃边境地区产业发展的基础条件变化及其对产业发展的影响。

第4章研究了我国陆地边境地区的产业结构及其变迁情况。本章对肃北县的经济发展史进行了系统梳理，并从不同时期占主导地位的生产方式和经济结构，以及其反映的人与自然的物质变化关系和人与人的经济关系等角度考察了肃北县的产业结构变迁情况。

第5章则对我国陆地边境地区的产业结构效应进行了测度。本章以甘肃边境地区为研究对象，选取参数方法估算全要素生产率，并采用偏离份额分析法分解结构效应的贡献，考察了我国边境地区三次产业的增长因素和变动特点。

第6章基于上述分析，提出了推动边境地区经济高质量发展的建议。具体包括：调整产业结构，加速产业升级；分类分区发展，发挥优势产业特色；扩大区域经济合作，发展边境贸易；完善人才市场流动机制，提高劳动力配置效率；加大对边境地区的资金投入，优化资本市场结构；加大民生投入，推进公共服务均等化进程。

第7章拓展讨论了兴边富民行动与我国其他战略协调推动边境地区发展的

可能性和具体路径。本章主要围绕推动兴边富民行动在西部大开发战略中发挥更加重要的支撑作用、与"一带一路"建设深度融合、与乡村振兴战略有机衔接进行了具体讨论。

第8章为结论与展望。

本书的创新点主要体现在以下几个方面：

第一，从理论上来说，本书结合政治经济学、区域经济学、产业经济学、国际贸易学等多个学科，对我国边境地区的区域经济发展和产业结构变迁情况进行了具体分析。

第二，从实证角度来说，本书选取甘肃边境地区作为研究案例，系统分析了我国边境地区产业结构变迁对区域经济增长的作用，丰富了我国边疆经济研究文献。

第三，本书采用可视化文献分析软件 CiteSpace 对目前边境地区的相关研究情况进行了梳理，有利于相关研究的进一步开展。

著者

2022 年 7 月

# 目　录

# 1 经济增长与产业结构关系研究的理论基础及文献综述

## 1.1 经济增长理论

### 1.1.1 古典经济增长理论

英国古典经济学的创始人亚当·斯密（Adam Smith）分别从国民财富及其增长、人性假定、分工、资本作用以及政府和制度等方面论述了经济增长。他指出，人们的逐利欲望、产业和劳动分工、资本积累、制度和法律以及技术革新会促使生产力增长、产出增长、劳动者工资提高以及利润增加，而进一步促使投资增加，从而使社会经济再次进入人们逐利欲望的增加、产业分工细化、资本积累增加、制度法律变迁和技术革新的阶段，周而复始。

李嘉图（David Ricardo）通过对地租、工资、利润之间的关系以及影响这些分配比例变动的外部因素的考察，建立了关于国民财富增长因素、增长过程的系统理论，并提出了加快经济增长的一系列政策措施。虽然李嘉图也承认技术革新会遏制边际报酬的递减，但是他仍然认为技术革新的速度不足以抵消边际报酬递减的效应，最终社会经济还是会进入工资价格提高、地租价格提高、利润率下降、积累萎缩的阶段，经济增长会放慢甚至停滞①。

斯密和李嘉图的经济增长理论体系都提到了技术革新。斯密主要从劳动分工的角度去看待技术革新。李嘉图更重视技术革新的作用，认为技术革新的作用主要体现在劳动工具和劳动对象的变革上，他甚至研究了技术革新与土地生产率、劳动生产率及工资率、资本效率、利润率及资本积累等之间的相互关

---

① 李嘉图. 政治经济学及税负原理 [M]. 北京：商务印书馆，1962：133.

系。但是他们都没有认识到技术革新对经济增长潜在的巨大推动作用，没有认识到技术革新在经济增长中的主导作用。

马克思（Karl Marx）在《资本论》中从资本的角度论述了对经济增长的看法。他指出，在扩大再生产中，资本家把剩余价值的一部分作为积累，追加投资，从而进一步扩大生产规模；获得更多剩余价值后，再次将剩余价值的一部分作为资本追加投资；周而复始，攫取更多的剩余价值；同时，生产规模不断扩大，经济持续增长。而且"内涵"式的扩大再生产依靠生产技术进步、提高劳动效率以及改善生产要素质量来扩大生产规模，可以在技术进步的条件下，通过革新工艺、改进设备、采用新材料、降低能源和原材料消耗，以挖掘企业内部潜力和提高劳动生产率来实现扩大再生产①。

马克思的社会资本再生产理论是完整的经济增长理论。其中的扩大再生产理论把静态分析动态化，把短期分析长期化。马克思认为，资本会不断从利润率低的部门流向利润率高的部门，具有强大生命力的新的产业部门可以不断获取扩大再生产的所需资本，从而引起产业结构调整甚至变革。可以说，马克思的经济增长理论较好地解释了技术进步、产业结构变更和经济增长之间的关系。

### 1.1.2 哈罗德—多马模型和新古典经济增长理论

哈罗德—多马模型是经济增长理论的第一次革命。根据凯恩斯的收入决定论，有：

$$I = S$$
$$\Delta K = I = S$$
$$\Delta K / \Delta Y = v = S / \Delta Y = sY / \Delta Y$$

社会总产出 $Y$ 的增加表示经济的增长，$G = \Delta Y / Y$ 为经济增长率，即经济增长速度，总产出的增加量为 $\Delta Y$。由此可推出哈罗德—多马模型的基本形式：

$$G = s/v$$

哈罗德—多马模型强调投资或资本形成是经济增长的源泉，即加大投资会提高扩大再生产的能力，而生产能力的提高会带来产出和收入的增长，产出和收入的增长又为进一步的资本形成和作用发挥提供条件。哈罗德—多马模型的核心是，资本的不断形成是促进经济增长的最根本因素，物质资本的增长对经济增长起决定性作用。但是，哈罗德—多马模型也同样忽视了技术进步的作

---

① 马克思. 资本论：第二卷 [M]. 北京：人民出版社，1975.

用。1912 年，熊彼特（Joseph Schumpeter）的《经济发展理论》一书以德文出版，书中首次提出了"创新"的概念，并系统论述了熊彼特以创新为特色的动态发展理论。他主要论述了什么是创新、创新的实现条件、创新的结果和创新的运用等问题。熊彼特提出了企业家创新理论，其主要内容有：市场均衡是一种常见现象，为了追求利润，企业家应该"创造性地破坏"以"实现生产要素的重新组合"，并借此打破市场的均衡状态，以促使新的生产函数的出现。熊彼特的创新理论，把"创新"置于整个经济增长理论体系的核心，首次把创新因素提到一个如此高的地位来论述。而"创新"可以催生新的生产函数，产生集群效应，这样就在一定程度上解释了经济持续增长所需动力的产生。

新古典经济增长模型的进步之处是它指出了技术的进步是经济增长的决定性因素，但并未解释什么是技术进步，以及什么是技术进步的源泉。同时，因为新古典经济增长模型还是以传统的边际收益递减为前提条件的，所以新古典经济增长模型所描述的经济增长缺乏明确的动力源泉。要想准确地描述经济长期增长，新古典经济增长模型只能引进技术变量。

### 1.1.3 产业经济增长理论

美国经济学家库兹涅茨（Kuznets）将产业结构变动和经济增长的关系做了进一步的深入分析，将一个国家或一组国家在各个时期增长的数量加以比较，并对这些国家在不同发展阶段的数据加以比较。由此得知：在未完全完成工业化的时期或者说是工业化初期，第一产业比重较高，第二产业比重较低；在工业化中期，第二产业占据优势地位，第一产业比重降低到 20%以下；在工业化后期或者说是工业化成熟期，第三产业比重提高，第三产业比重基本稳定或稳中有降，第一产业比重则降低到 10%以下；经济发展过程中工业占国民经济比重总体呈现倒"U"形趋势①。

罗斯托（Rostow）采取了非总量的方法去分析经济增长的根本原因。罗斯托认为，经济的持续增长是由经济中的主导产业部门所带动的，主导产业部门通过自身较为先进的技术水平实现自身持续的高速增长，同时也带动上游和下游产业不断增长。罗斯托又将经济增长划分为传统社会、为起飞创造前提、起飞、成熟、高额群众消费、追求生活质量这六个阶段，他认为从低级阶段向高级阶段的进化是由主导产业部门的更替实现的。在现阶段，一个经济体的主导

---

① 库兹涅茨. 各国的经济增长 [M]. 北京：商务印书馆，2007：312.

产业部门往往不止一个，而是几个产业部门（共同发挥主导的作用），即主导部门综合体。产业经济增长理论主要以产业分析为切入点，研究产业结构变动、产业主导部门和经济增长之间的关系。对产业结构和人均收入变化的关系，以及各产业比重和经济发展阶段对应关系的研究，都对未来中国把握产业结构的调整节奏有一定的理论指导意义。

### 1.1.4　内生经济增长理论

1986年罗默（Paul Romer）将技术进步纳入经济体系内部，即认为技术进步是内生的，并以阿罗模型为基础，进一步分析了内生技术进步对经济增长的影响，并由此推出了柯布—道格拉斯函数：

$$f(k,\ K) = Ak^{\alpha}K^{1-\alpha}$$

罗默模型将技术进步完全内生化，进一步提示了技术进步在经济增长中的作用，是一个完全内生技术变化的增长模式[①]。

卢卡斯（Robert Lucas）将劳动要素引入了柯布—道格拉斯函数，并以人力资本的外部效应为核心，进行了生产的递增效应分析，并进一步肯定了人力资本外部效应在递增收益中的决定性作用[②]。卢卡斯将人力资本引入经济增长模型，并进一步肯定了人力资本外部效应的重要作用，为解释经济持续增长提出了新的突破性见解。卢卡斯模型的不足是假定与事实相符程度较低，且人力资本很难有效测度。但是，卢卡斯将人力资本因素内生化对中国现阶段的经济增长以及产业结构转型具有一定的指导意义。

佩雷斯（Carlota Perez）和弗里曼（Freeman）提出技术经济范式理论并逐渐加以完善，较为针对性地论述了产业结构特别是主导技术结构与整个经济社会发展模式和水平的内在关系。其主要观点是一个或几个技术群构成了经济增长的技术基础，这些主导技术群决定了一定时期内经济增长所能达到的高度和水平。当科学技术不断进步，甚至产生一定突破时，即意味着经济社会的主导技术基础产生变化，会引导经济增长的模式的改变，最终导致经济增长范式的更迭[③]，从而使经济得以周而复始地增长。对经济增长的理论的研究，不断突出科学技术以及产业结构在经济持续增长中的重要作用。从最初仅将技术作为经济活动中的次要因素考虑，到后来逐渐重视科学技术对经济增长的作用，再

---

① 罗默. 高级宏观经济学 [M]. 上海：上海财经大学出版社，2009：417.

② 卢卡斯. 经济理论周期研究 [M]. 北京：商务印书馆：2000.

③ FREEMAN C, PEREZ C. Structural crises of adjustment, business cycles and investment behaviour [M] //DOSI G et al. Technical change and economic theory. London：Francis Pinter, 1988.

到直接将科学技术因素内生化，经济增长理论的发展过程也体现出了科学技术因素在经济增长中越来越重要的作用。同时，对产业经济增长理论的研究，对我国目前势在必行的产业结构转型有一定的帮助作用，特别是非总量的主导部门带动经济增长的理论，更是与我国目前的经济背景十分符合，具有很强的借鉴作用。

## 1.2 产业结构理论

产业结构理论的出现最早是在工业革命前夕。随着资本主义工商业的发展，资本主义经济开始由农业经济向工业经济转变。在这个背景下，经济学家开始讨论产业结构变动对经济结构由农业为主向工业为主转变的必要性。早在1672 年，英国经济学家威廉·配第对不同国家的产业差别进行对比后发现，产业结构的差别是导致国家发展阶段不同和收入差异的关键原因。具体来说就是工业比农业收入多，商业比工业收入多。他发现，随着经济的发展，产业也会从有形资产生产向无形资产生产转移，当工业收益大于农业时，劳动力会随之从农业向工业转移；而当商业收益大于工业时，劳动力又会从工业向商业转移。配第第一次揭示了国民经济收入与产业结构之间的关系，上述内容被称为配第定理。

在配第之后，包括魁奈、斯密、李嘉图等人也都对产业结构有所论述，但是他们的论述相对比较粗浅，也没有形成较为成形的理论。直到 20 世纪三四十年代，产业结构理论才开始迅速发展。20 世纪 30 年代服务业发展迅速，在经济统计数据上表现得十分明显。英国经济学家费舍尔通过对经济数据进行比较分析，在配第定理基础上提出三次产业划分方法，其内容是：把从自然界直接获取物质资料的产业称为第一产业，即广义的农业；把从自然界取得的生产物进行加工和再加工的产业称为第二产业，即广义的制造业；把除第一、第二产业以外的其他经济活动都划为第三产业。日本经济学家赤松要根据日本的产业发展情况提出了"雁行模式"，首次将产业结构与经济发展联系在一起。德国经济学家霍夫曼通过对 20 余个国家经济数据的计算，提出随着一国工业化的进展，消费品部门和资本品部门的净产值之比是不断下降的。该内容也被称为霍夫曼定理。英国经济学家克拉克在总结和吸收配第、费舍尔等人的理论基础上，比较系统和完整地提出了产业结构理论。克拉克（1940）提出随着人均收入水平的提高，劳动力在三次产业中的分配比例将逐渐改变，即劳动力从农业向制造业进而由制造业向商业和服务业转移①。这也被人们称为配第—克拉克定理。

第二次世界大战以后，产业结构理论得到进一步发展。美国经济学家库兹涅茨（1966）通过收集和整理20余个国家的经济数据，深入考察了经济发展中国民收入在三次产业间的变化情况，提出：①随着时间变化，农业部门收入和农业劳动力在国民收入和就业人口中的比重将下降；②工业部门收入在国民收入中占比将上升，但相应劳动力占比会持平或略有上升；③服务部门无论是收入占比还是劳动力占比基本上都是上升的。上述理论被称为库兹涅茨法则。列昂惕夫通过建立投入产出分析体系实现了封闭型产业结构定量化分析，他把投入产业数和投入产出系数作为分析因子，计算出国民经济部门中任一产业部门变动对其他产业的影响，并据此分析国民经济和产业结构变化的前景。这为产业结构分析提供了一种工具，但是由于这种分析是静态分析，因而其应用存在较大局限性。

上述产业结构理论是从第二次世界大战以后欧美经济发达国家角度研究的产业结构与经济增长，还有一批学者从发展经济学角度对产业结构理论进行了研究。其中的代表人物包括刘易斯、赫希曼、罗斯巧和钱纳里等人。

刘易斯根据发展中国家普遍存在的落后的农村和农业部门与较发达的城市和制造业部门并存的现象，提出了二元经济结构模型，也即刘易斯理论。他认为在发展中国家由于农业部门边际生产率远远低于制造业部门，且农村存在大量富余劳动力，制造业部门的收益远远高于农业部门。这样，农业劳动力会源源不断地流入制造业部门，随着这一过程的持续，农业部门的边际生产率会逐渐提高，制造业部门的边际生产率会逐渐减低直到与农业部门水平相等，这个过程就是发展中国家实现经济增长的理想过程。这一模型将发展中国家经济增长与产业结构转换联系起来，为发展中国家实现经济增长指出了方向。

赫希曼根据发展中国家资本普遍不足的现实提出不平衡增长理论，该理论认为发展中国家的资本应该优先投入产业关联度高、具有较高外部性的产业部门。通过这种方式可以实现产业发展的前向关联、后向关联和侧向关联效应，进而带动国民经济中其他部门发展，最终实现经济增长。不平衡增长理论提出了通过政府在产业内选择有发展潜力的部门进行支持来带动国民经济增长的思路。

罗斯托根据世界经济发展阶段性特征和发达国家经济增长的特点，从发展

---

① CLARK C L. The conditions of economic progress [M]. London：Macmillan，1957.

阶段和实现路径角度对发展中国家经济增长进行了解释，提出了经济成长阶段论和主导产业扩散论。经济成长阶段论认为，人类社会发展共分为六个经济成长阶段：一是传统社会，其特征是农业处于首要地位，制造以手工业为主，产品交换范围很小且现代科学技术没有出现。二是起飞前阶段，即从传统社会向起飞阶段过渡的时期，这一时期，产品交换范围扩大到全世界。三是起飞阶段，就是经济突破传统的停滞状态。实现起飞需要三个条件：①要有 10% 以上的资本积累率；②要有主导产业部门；③要建立能保证起飞的制度和机构，如私有财产保障制度和能够承担公共设施投资的政府机构等。罗斯托认为，一国只要具备上述三个条件，经济就可起飞并实现持续增长。英国在 1780 年以后最早完成起飞，美国、法国和德国则是在 19 世纪五六十年代实现起飞，日本在 19 世纪最后 25 年实现起飞。四是成熟阶段。在该阶段，现代技术已被推广到各个经济领域，工业朝着多样化发展，新的主导部门逐渐代替起飞阶段的旧的主导部门。这个阶段也是起飞阶段之后的一个持续时间相当长的时期。五是高额群众消费阶段。在该阶段经济由追求生产转向满足社会消费需要。六是追求生活质量阶段。为了实现上述经济增长和发展，罗斯托认为应该通过主导产业的更替来逐步推动经济阶段的进化，选择扩散效应显著的产业作为国民经济的主导产业，通过主导产业的发展来实现对国民经济的带动，具体包括主导产业发展带来的几种效应：回顾效应，是指主导产业的发展对各种要素材料投入的拉动作用；旁侧效应，是指主导产业的发展对国民经济和社会发展的作用，如制度、产业结构、基础设施和国民素质等的改善；前向效应，是指主导产业的发展会诱发新的产业的产生和发展，甚至为新产业的发展搭建平台。罗斯托的理论为产业结构优化升级奠定了理论基础。

钱纳里通过对第二次世界大战后九个准工业化发展中国家的经济数据建立模型进行回归分析，提出了标准产业结构的概念，并据此将工业化划分为三个时期六个阶段。他认为任何国家要想从不发达国家成长到工业成熟国家，只有通过产业结构转换来实现，且均要经历这六个阶段，三个时期分别对应三种产业形式。初期产业对应工业化发展初期，处于不发达经济阶段向工业化初期阶段转变过程中。这一时期的产业结构以农业为主，但正在向现代化工业转变。这一时期对经济发展起主要作用的制造业部门除农业外主要是食品、纺织、采掘等劳动密集型产业。中期产业对应工业化的中期阶段，处于工业化中期阶段向工业化后期阶段转变过程中。这一时期的产业结构在早期以重化工业为主，后期则以第三产业为主。这一时期对经济发展起主要作用的制造业部门是重工业制造部门这样的资本密集型产业，后期逐渐转为以新兴服务业部门为主。后期产业对应工业化的高级阶段，处于后工业化阶段向现代化阶段转变的过程中。这一时期的产业结构以技术密集型产业和知识密集型产业为主。这一时期对经济起主要作用的部门已经由制造业转向第三产业，人们对产品的需求已经发生重大转变。

第二次世界大战后日本政府为了恢复经济、实现赶超欧美发达国家的目标，重点制定并实施了以产业结构政策为主的产业政策。与此同时，日本学者开始针对日本的产业结构情况提出具有本国特点的产业结构理论，主要包括雁行形态论、动态比较费用论、两基准理论、战略产业优先增长论和技术群体结构论等。

雁行形态论由赤松要提出，又称为雁行模式。赤松要认为，进入工业化时期，一些经济技术落后的发展中国家只有开放国内市场才能获得特定商品。随着经济发展促使国内对该商品的需求达到一定数量，该国就具备了生产这种商品的市场条件和技术要求。出于追逐利润的目的，本国企业通过引进技术结合本国资源和劳动力价格优势，开始实现商品的本国生产并逐渐取代进口。随着生产规模扩大，劳动力低成本优势和规模经济优势进一步释放，本国产品的国际竞争力不断上升并最终实现出口，完成了经济发展和产业结构升级的双重目标。这样的产业发展是由进口、进口替代、出口、重新进口四个阶段组成的。从图形上看四个阶段呈倒"V"形，类似飞翔的大雁，所以被称为"雁行"。

动态比较费用论和两基准理论由筱原三代平提出。动态比较费用论又称为动态比较成本说，是指一国的比较成本优势是动态的而不是静止的，通过国家的政策干预和合理的产业结构转换，可以使一国的动态比较成本由不利转化为有利，并在此基础上实现动态比较收益。这是日本第二次世界大战后贸易立国政策的理论基础之一。两基准指收入弹性基准和生产率上升基准。收入弹性基准是指产品的需求增长率与国民收入增长率之比。这一基准要求社会剩余资本应优先投入弹性大的行业部门，这样才能有利于国民经济增长。生产率上升基准是指通过测算不同生产部门的要素生产率，从中选出生产率高的部门后将剩余资本优先投入该部门，从而实现生产力的最大化发展。筱原三代平的理论是第二次世界大战后日本政府在很长时期内制定产业结构政策的标准。

战略产业优先增长论由佐利贯雄提出，该理论认为日本在第二次世界大战后之所以快速实现了产业结构高级化，原因就在于其在不同历史时期选择了不同战略对产业给予优先扶持。比如第二次世界大战后初期选择扶持电力产业来推动石油、石化、铅等需要大量电力的产业实现快速发展，同时通过发展船舶制造业来解决自然资源短缺需要大量海上运输的问题。之后选择扶持的钢铁、机械、汽车等产业也都是对其他产业有着较强拉动作用的产业。该理论认为产业之间是具有高度关联性的，通过选择恰当的产业给予扶持使之成为战略产业并优先发展，是可以带动整个产业结构转型升级并实现经济快速增长的。

技术群体结构论由关满博提出。该理论的核心思想是日本应该放弃过去那种"齐全型产业结构"，把日本的产业分工放到东亚经济总体分工中去，进而参与世界分工合作。只有通过参与国际分工合作，才能使日本的产业结构调整顺应经济发展的需要，也才能够使日本的产业优势保持下去。

经济增长与产业结构理论的内容和演变过程如上所述，这些理论在一定程度上揭示了产业结构与经济增长的关联性和互动机制。

# 2 我国区域经济增长与产业结构关系的研究情况

为更加直观清晰地了解区域经济增长与产业结构关系的研究情况，本书采用当前使用度最高的可视化文献分析软件 CiteSpace 对相关研究情况进行梳理。

## 2.1 CiteSpace 背景介绍

科学知识图谱以数学逻辑和计量学工具为手段，对从事相关研究的科学工作者、团体相关的论文著作以及相关的研究方法等进行分析，以可视化的形式得出某一领域的知识结构及其发展过程，并通过分析图形发现相关领域知识间的联系和发展规律[1]。科学知识图谱为科学工作者研究了解某一科学领域的发展过程和知识结构提供了巨大帮助。

CiteSpace 就是目前科学知识图谱软件中功能最为综合、学者使用度很高的一款信息可视化软件，由美国德雷塞尔大学计算机与情报学教授陈超美开发。他在知识可视化领域被国内外同行评价为"当代信息可视化与科学知识图谱学术领域中的国际顶尖级领军人物"[2]。软件的开发灵感来自库恩关于科学演进的观点，即科学研究的热点是随时间不断变化的，这些变化有时缓慢有时剧烈，因此从文献的变化中可以追寻科学的发展历程。CiteSpace 的理论基础由五个方面构成，即科学发展模式理论（科学的发展是遵循一定的模式的，即从前科学发展到常规科学，再发展到科学危机、科学革命，最后到新常规科学）、科学前沿理论（研究前沿基于新近的研究成果，随着发展知识网络也会

---

① 梁秀娟. 科学知识图谱研究综述 [J]. 图书馆杂志, 2009, 28 (6): 58-62.
② 李杰, 陈超美. CiteSpace：科技文本挖掘及可视化 [M]. 北京：首都经济贸易大学出版社, 2016: 2.

变得越来越密）、结构洞理论（处于结构洞位置上的个体在竞争能力以及创新能力上可能更有优势）、信息觅食理论（信息搜索的过程中个体倾向于能量消耗最小化）、知识单元离散与重组理论（科学创造的过程即是将原有知识单元分离再重组的过程）。

CiteSpace 意为引文空间，主要是用于分析蕴含于科学知识中的发展规律的计量可视化软件。通过计量的方法可以分析出某学科的知识结构、其规律以及走势等情况。具体而言，就是从四个方面深度挖掘发展新趋势、知识结构、学科热点以及具有标志性的文献知识。通过这种计量可视化分析所建立起来的图谱即为科学知识图谱。

## 2.2 研究数据

获得研究数据的流程有检索、去重和检验三个步骤，具体流程见图 2.1。

### 2.2.1 数据来源

数据来自中国知网（CNKI）期刊数据库、重庆维普（VIP）期刊数据库以及万方（WanFang）期刊数据库，几乎涵盖了中文期刊的全部数据。

### 2.2.2 数据检索

2.2.2.1 CNKI 检索

检索范围：北大核心期刊和 CSSCI 来源期刊。

检索方式：以篇名进行检索，提高检索出的期刊的准确度。

检索策略：高级检索，篇名为"产业结构"和"经济增长"的文章。

检索时间：截至 2021 年 7 月 4 日。

文献数量：获得文献 612 条。

数据导出：文献以 Refworks 形式导出为"txt"格式数据，用于进一步数据处理分析。

图 2.2 展示了 CNKI 检索结果。

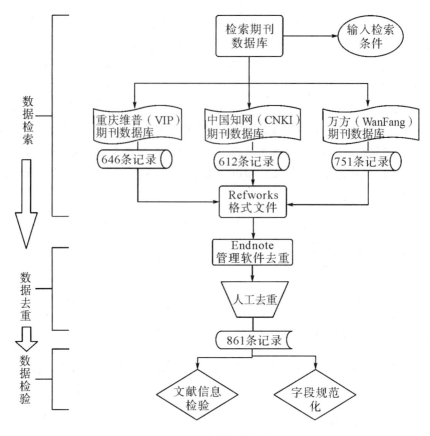

图 2.1　研究数据获得流程

图 2.2　CNKI 检索结果

2.2.2.2　维普检索

检索范围：北大核心期刊和 CSSCI 来源期刊。

检索方式：以篇名进行检索，提高检索出的期刊的准确度。

检索策略：高级检索，篇名为"产业结构"和"经济增长"的文章。

检索时间：截至 2021 年 7 月 7 日。

文献数量：获得文献 646 条。

数据导出：文献以 Refworks 形式导出为"txt"格式数据，用于进一步数据处理分析。

图 2.3 展示了维普检索结果。

**图 2.3 维普检索结果**

#### 2.2.2.3 万方检索

检索范围：北大核心期刊和 CSSCI 来源期刊。

检索方式：以篇名进行检索，提高检索出的期刊的准确度。

检索策略：高级检索，篇名为"产业结构"和"经济增长"的文章。

检索时间：截至 2021 年 7 月 7 日。

文献数量：获得文献 751 条。

数据导出：文献以 Refworks 形式导出为"txt"格式数据，用于进一步数据处理分析。

图 2.4 展示了万方检索结果。

**图 2.4 万方检索结果**

### 2.2.3 数据去重

#### 2.2.3.1 数据去重方法

数据去重分两步进行：

（1）软件去重：将从 CNKI、WanFang Data、VIP 期刊数据库检索获得的 Refworks 数据文件导入 Endnote X9 软件，通过软件的"Find Duplicates"功能，初步去除重复的期刊文献数据。

（2）人工去重：针对第 1 步获得的期刊文献数据，逐篇通过核查作者、文献题目、期刊名称及发表时间等信息，人工精准去重，剔除无关文献，如标题不精准、其他学科类文献等，以获得最完整、科学的数据，用于后续分析。

#### 2.2.3.2 数据去重结果

通过三大期刊数据库检索共获得中文期刊 2 009 篇，经去重后得到 861 篇用于文献计量分析，详见表 2.1。

表 2.1　中文期刊数据库去重后结果

| 数据库 | 文献数量 | | 百分比/% |
|---|---|---|---|
| | 原始/篇 | 去重后/篇 | |
| CNKI | 612 | 339 | 39.373 |
| VIP | 646 | 51 | 5.924 |
| WanFang Data | 751 | 471 | 54.704 |
| 合计 | 2 009 | 861 | 100 |

### 2.2.4 数据校验

数据校验有两个维度：

#### 2.2.4.1 文献信息校验

由于三大期刊数据库在导出文献过程中存在少量文献作者、关键词丢失，机构或出版物名称错误或重复的问题，需人工对其进行校验。如图 2.5 所示，引自万方数据库的《福建省科技人力资本、产业结构合理化与经济增长的关系》，机构字段"AD"存在冗余现象，需要人工修正。

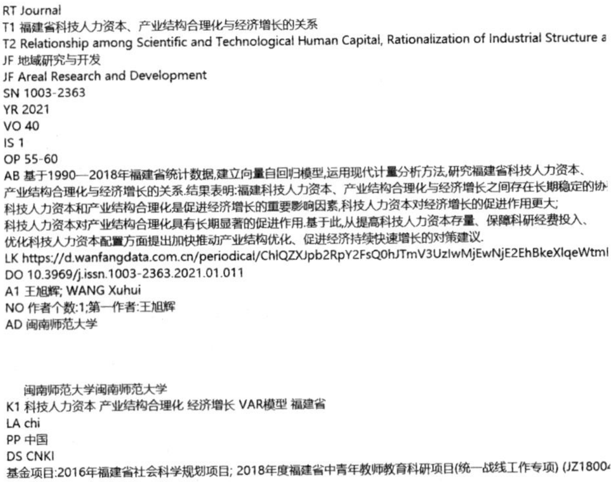

RT Journal
T1 福建省科技人力资本、产业结构合理化与经济增长的关系
T2 Relationship among Scientific and Technological Human Capital, Rationalization of Industrial Structure a
JF 地域研究与开发
JF Areal Research and Development
SN 1003-2363
YR 2021
VO 40
IS 1
OP 55-60
AB 基于1990—2018年福建省统计数据,建立向量自回归模型,运用现代计量分析方法,研究福建省科技人力资本、产业结构合理化与经济结构的关系.结果表明:福建省科技人力资本、产业结构合理化与经济增长之间存在长期稳定的协科技人力资本和产业结构合理化是促进经济增长的重要影响因素.科技人力资本对经济增长的促进作用更大;科技人力资本对产业结构合理化具有长期显著的促进作用.基于此,从提高科技人力资本存量、保障科研经费投入、优化科技人力资本配置方面提出加快推动产业结构优化、促进经济持续快速增长的对策建议.
LK https://d.wanfangdata.com.cn/periodical/ChlQZXJpb2RpY2FsXzVDTmV3UzUwMjEyNzAzMDU1NjAxNjAwMTAx
DO 10.3969/j.issn.1003-2363.2021.01.011
A1 王旭辉; WANG Xuhui
NO 作者个数:1;第一作者:王旭辉
AD 闽南师范大学

闽南师范大学闽南师范大学
K1 科技人力资本 产业结构合理化 经济增长 VAR模型 福建省
LA chi
PP 中国
DS CNKI
基金项目:2016年福建省社会科学规划项目;2018年度福建省中青年教师教育科研项目(统一战线工作专项)(JZ1800<

图 2.5    机构字段错误示例

### 2.2.4.2    字段规范化

由于 CiteSpace 软件只能分析 CNKI 数据,需将数据库来源字段全部统一为"DS CNKI",以方便后续 CiteSpace 软件数据处理分析。

# 2.3    CiteSpace 分析

## 2.3.1    CiteSpace 数据分析方法

CiteSpace 数据分析方法主要包括:共现分析、聚类分析和突现分析。

### 2.3.1.1    共现分析

共现分析法是将文献中的各种信息(本书主要分析的是作者、机构与关键词)载体中的共现信息进行定量化分析的一种方法,旨在揭示信息之间隐含的寓意①,其分析的基础来源于心理学的邻近联系法则和知识结构及映射原则②。通过对经济增长与产业结构关系研究领域的文献中的关键词进行共现分析,来确定该领域各主题之间的关系,同时可以对这一领域中的作者或是机构也进行共现分析,以找出该研究领域的合作关系。

---

①  孙战彪,张红军. 基于语义相似度的共词分析方法研究 [J]. 图书馆学刊,2017,39 (1):74-79.

②  杨良斌. 信息分析方法与实践 [M]. 长春:东北师范大学出版社,2017:179.

### 2.3.1.2 聚类分析

聚类分析是指按照分析对象的相似性将分析对象分割成不同的类或簇，使得同一个簇内的分析对象的相似性尽可能大，同时不在同一个簇中的分析对象的差异性也尽可能地大①。聚类后会让同一类的主题尽可能地聚在一起，而不同类的主题会尽可能地分开。对经济增长与产业结构关系研究领域的文献中的关键词进行聚类分析，可以找出该研究领域的主要知识架构。

### 2.3.1.3 突现分析

CiteSpace 提供突现分析（burst detection）的功能来探测在某一时段引用量有较大变化的信息，并将这种突变信息视为一种可用来度量更深层变化的手段，以发现某一个主题词或者关键词的衰落或者兴起情况，从而预测某研究领域的前沿。burst detection 的计算法则主要源于 Kleinberg 提出的突现侦测算法②，突现的强度（strength）用数值表示，数值越大，突变的强度越大，说明与该突变词相关的主题发展趋势越明显③。CiteSpace 中 burst detection 用于两类变量：①被引文献所用的关键词或主题词的频次；②被引文献所得到的引文频次。由于目前在中文数据库中提取的文件缺少引文的数据，故本研究仅对关键词进行突现分析。突现关键词是指文章在一段时间内大量引用的关键词，它被认为是提示研究热点或未来趋势的一个重要指标。

## 2.3.2　CiteSpace 分析结果

### 2.3.2.1　经济增长与产业结构关系研究领域文献的描述性统计结果与分析

（1）发文年份统计分析结果。

一定时间内的发文数量代表这个领域的研究热度的变化。如果发文数量随时间上升，代表这个领域的研究热度升高；若发文数量减少，相应代表这个领域的研究热度降低。

由对 861 篇该领域文献的发表年份进行统计分析（如图 2.6 所示）可知，我国针对经济增长与产业结构关系领域的研究始于 20 世纪 80 年代末，于 21 世纪初经过短暂的蛰伏期后，在 2008 年左右研究开始快速升温，年发表文章

---

① 李秀霞，邵作运."密度—距离"快速搜索聚类算法及其在共词聚类中的应用［J］. 情报学报，2016，35（4）：380-388.

② KLEINBERG J. Bursty and hierarchical structure in streams［J］. Data Min Knowl Disc，2003，7（4）：373-397.

③ CHEN C M. Searching for intellectual turning points：progressive knowledge domain visualization［J］. Proceedings of the National Academy of Sciences of the United States of America，2004，101（Suppl 1）：5303-5310.

数量从 10 篇左右迅速翻了 4 倍，提升到 40 篇左右。到了 2010 年，该领域的研究呈"井喷"态势，进入快速发展期，年发表文章数量在 60 篇左右。总体而言，尽管近几年的热度略有下降，但仍在 40 篇左右，我国在该领域的研究经过不断发展积累已经进入了相对稳定的发展阶段。

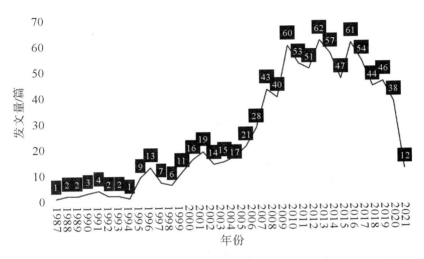

**图 2.6 经济增长与产业结构关系研究的文献时间分布（1987—2021 年）**

（2）发文作者与研究机构统计分析结果。

861 篇目标期刊文献共涉及 1 411 位作者和 368 家研究机构，对发文量前十的作者及研究机构进行统计分析，结果分别见表 2.2 和表 2.3。科学计量学之父德瑞克·普莱斯提出的著名的普莱斯定律，其具体公式为 $M = 0.749 \times \sqrt{N_{max}}$，其中 $M$ 代表在某领域中核心作者的最低发文数量，$N_{max}$ 代表其领域中发文量最大的数量（在本研究中 $N_{max}$ 即为 7）。按照上面的公式计算本研究中的 $M$ 值即为 1.98，故经济增长与产业结构关系研究这一领域中核心作者的最低发文量为 2 篇。

国内该领域研究最具影响力（按发文数量排名）的 9 位（因有多人发文量为 3 篇，所以此处取前 9 位）专家学者依次为刘伟、张辉、李翔、蔡志洲、曹新、邓峰、范新英、冯江茹和史常亮，最具影响力的机构前 9 位依次为中南财经政法大学、武汉大学、北京大学、中国人民大学、首都经济贸易大学、山东大学、南开大学、东北财经大学和暨南大学。

表 2.2 排名前 9 位的作者发文量

| 序号 | 作者 | 发文量 |
| --- | --- | --- |
| 1 | 刘伟 | 7 |
| 2 | 张辉 | 6 |
| 3 | 李翔 | 5 |
| 4 | 蔡志洲 | 4 |
| 5 | 曹新 | 4 |
| 6 | 邓峰 | 4 |
| 7 | 范新英 | 4 |
| 8 | 冯江茹 | 4 |
| 9 | 史常亮 | 4 |

表 2.3 排名前 10 位的研究机构发文量

| 序号 | 作者 | 发文量 |
| --- | --- | --- |
| 1 | 中南财经政法大学 | 10 |
| 2 | 武汉大学 | 10 |
| 3 | 北京大学 | 9 |
| 4 | 中国人民大学 | 8 |
| 5 | 首都经济贸易大学 | 8 |
| 6 | 山东大学 | 6 |
| 7 | 南开大学 | 6 |
| 8 | 东北财经大学 | 6 |
| 9 | 暨南大学 | 6 |

（3）发文关键词统计分析结果。

关键词是一篇期刊文献的核心概括，往往代表其论述重点，在一定程度上反映了该篇文献的学科结构。如果一个关键词在某学科领域的文献中频繁出现，则说明该关键词所代表的主题是该领域的热点问题①。本书对国内经济增

① 王科飞. 国家自然科学基金体育科学立项与进展解析 [M]. 北京：科学技术文献出版社，2018.

长和产业结构关系领域的文献中的关键词频次进行了统计分析，位居前 21 的关键词见表 2.4。

表 2.4　排名前 21 位的关键词频次

| 序号 | 作者 | 发文量 | 序号 | 作者 | 发文量 |
|---|---|---|---|---|---|
| 1 | 经济增长 | 239 | 12 | 中国 | 10 |
| 2 | 产业结构 | 203 | 13 | 实证分析 | 9 |
| 3 | 产业结构调整 | 31 | 14 | 格兰杰因果检验 | 8 |
| 4 | 产业结构变动 | 23 | 15 | 贡献 | 8 |
| 5 | 产业结构升级 | 22 | 16 | 技术进步 | 8 |
| 6 | 产业结构高级化 | 17 | 17 | 产业结构优化 | 7 |
| 7 | 产业结构合理化 | 16 | 18 | 城镇化 | 7 |
| 8 | 产业结构变迁 | 15 | 19 | 全要素生产率 | 7 |
| 9 | VAR 模型 | 15 | 20 | 碳排放 | 7 |
| 10 | 经济增长方式 | 13 | 21 | 协整检验 | 7 |
| 11 | 区域经济增长 | 13 | — | — | — |

由表 2.4 可知，在该领域中，更多采用的是实证分析法，包括 VAR 模型、格兰杰因果检验以及协整检验等方法，考虑的因素也是包括技术进步、城镇化和全要素生产率等，研究视角则是全国范围或是某个局部区域的经济增长情况。在低碳经济的大背景下，众多学者也开始研究碳排放与产业结构和经济增长的关系。

（4）发文期刊统计分析结果。

861 篇目标期刊文献共计发表在 333 个期刊上，发文量排名前 10 位的期刊统计结果见图 2.7。结果表明：统计与决策、工业技术经济和商业经济研究是该领域最具影响力的期刊。其中，统计与决策占据相对领头地位，共计发文 36 篇，与位居其后的期刊拉开一定差距。也可以看出在此领域大量的文章都采用的是实证分析法。

2.3.2.2　经济增长与产业结构关系研究领域文献的共现分析结果

（1）作者及研究机构共现分析结果。

CiteSpace 设置参数：时区分割（time slice）：1987—2021 年，每 5 年一分区；节点阈值选择（selection criteria）：排名前 100 位的分割区为获得更全面的分析结果，关闭网络裁剪功能。

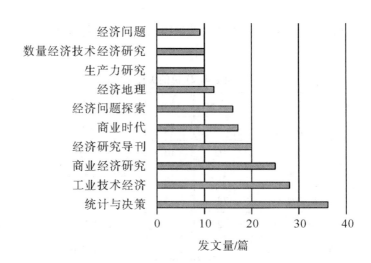

图 2.7　发文量排名前 10 位的期刊统计结果

　　分析合作网络，也就是对发文作者、机构、国家（地区）的研究，可以很快地知道某项研究的主要学者是谁，同时也可以知道他们属于哪些机构。在清楚这些信息之后，就可以很快地了解这个领域的研究团队及其研究情况，为开展合作以及进行学术成本评估提供了重要的参考。在作者、机构的合作网络分析中，网络节点的大小反映的是作者或机构的发文量多少，节点之间的连线表示合作的关系。

　　学者合作共现图谱如图 2.8 所示，我们可以看出，发文量最大的合作网络是刘伟分别和张辉、蔡志伟的合作网，其次是冯红茹和范秀英，李小建和高更和，邓峰和李翔以及陈超和张屹山的两两合作网。另外，石丹、王涛与安锦也有不少的合作成果。排名前 15 位的作者发文量统计见表 2.5。

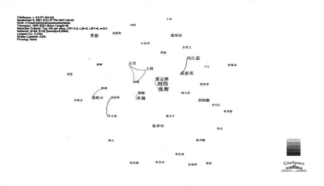

图 2.8　学者合作共现网络

表 2.5　排名前 15 位的作者发文量统计

| 序号 | 研究机构 | 发文量 | 首次共现时间 |
|------|----------|--------|--------------|
| 1 | 刘伟 | 7 | 2008 |
| 2 | 张辉 | 6 | 2008 |
| 3 | 李翔 | 4 | 2017 |
| 4 | 曹新 | 4 | 1996 |
| 5 | 蔡志洲 | 4 | 2014 |
| 6 | 冯江茹 | 4 | 2010 |
| 7 | 范新英 | 4 | 2010 |
| 8 | 胡晓鹏 | 3 | 2003 |
| 9 | 潘明清 | 3 | 2007 |
| 10 | 石丹 | 3 | 2015 |
| 11 | 邓峰 | 3 | 2017 |
| 12 | 史常亮 | 3 | 2011 |
| 13 | 张屹山 | 3 | 2016 |
| 14 | 陈晋玲 | 3 | 2012 |
| 15 | 王涛 | 3 | 2015 |

　　研究机构的共现图谱如图 2.9 所示。可以看出，整体而言研究机构之间的合作并非那么密切，但北京大学、中国人民大学和中央财经大学三所北京高校之间有较多的合作，中国科学院科技政策与管理科学研究所、华东师范大学以及西北大学之间有一个跨省的研究合作网络，而这两个合作网又通过中国人民大学和中国科学院的合作而连接在了一起，是该领域最大的一个研究合作网。除此之外，华中农业大学和西南财经大学也有一些合作。在发文量上，中部地区的两所高校中南财经政法大学和武汉大学处于领先位置，排名前 15 位的研究机构发文量统计见表 2.6。

图 2.9　研究机构合作共现网络

表 2.6　排名前 15 位的研究机构发文量

| 序号 | 研究机构 | 发文量 | 首次共现时间 |
|---|---|---|---|
| 1 | 中南财经政法大学 | 10 | 2004 |
| 2 | 武汉大学 | 10 | 2008 |
| 3 | 北京大学 | 9 | 2008 |
| 4 | 中国人民大学 | 8 | 2012 |
| 5 | 首都经济贸易大学 | 8 | 2013 |
| 6 | 山东大学 | 6 | 2000 |
| 7 | 南开大学 | 6 | 2001 |
| 8 | 东北财经大学 | 6 | 2004 |
| 9 | 暨南大学 | 6 | 2011 |
| 10 | 北京大学经济学院 | 5 | 2013 |
| 11 | 辽宁大学 | 5 | 2014 |
| 12 | 中央财经大学 | 5 | 2014 |
| 13 | 西南大学经济管理学院 | 5 | 2008 |
| 14 | 吉林大学 | 5 | 2012 |
| 15 | 四川大学 | 5 | 2012 |

（2）关键词共现分析结果。

CiteSpace 设置参数。时区分割（time slice）：1987—2021 年，每 1 年一分区；节点阈值选择（selection criteria）：g—index，$k = 50$。网络裁剪功能（pruning）：寻径网络（pathfinder），对每个切片的网络进行裁剪，并对合并后的网络进行裁剪。CiteSpace 设置通过 COSINE、PMI、DICE 和 JACCARD 算法对原共现矩阵标准化后得到一个新矩阵，再利用新矩阵进行网络可视化，得到的共现网络图谱更加科学合理。861 篇目标期刊文献的关键词可视化共现网络如图 2.10 所示，图中 Nodes = 1 092，Links = 1 920。图中各元素含义如下：

①节点（nodes）代表关键词，节点个数代表图中的关键词个数。

②连线（links）就是关键词之间的连线，只要关键词在同一篇文献中出现过，两者之间就会有一条连线。

③节点大小代表关键词频次，且两者呈正比。

④节点、线条的颜色与图上方出现年份相对应，随着研究时间的由远及近，颜色的变化是由冷色逐渐过渡到暖色。

另外，分别对经济增长与产业结构关系研究领域文献的关键词共现图谱中涉及的关键词共现的频次进行统计（如表 2.7 所示），对中介中心性进行统计（如表 2.8 所示）。中介中心性是衡量节点知识图谱时重要的指标之一，表示知识图谱中的某节点在什么情况下能够成为其他节点的"中介"，或者说能够起到"沟通桥梁"的作用。CiteSpace 的可视化界面专门对高中介中心性的节点进行了标记（当中介中心性值大于 0.1 时，节点年轮圈的外侧会有紫色圈出现）。根据表 2.7 可知：在经济增长与产业结构关系研究领域中，学者们最大的关注点仍是产业结构的优化调整同经济增长之间的协同关系，既有经济增长下产业结构的自发调整以及政府引导市场进行产业结构合理化、高级化的变动研究，亦有产业结构的合理优化反过来对经济增长的作用研究，逐步开始有学者深入细化到产业结构对区域经济增长影响的研究，然后是探讨全要素生产率、技术进步等因素在这个影响链条中扮演着怎样的角色。最新进入学者研究视野的是在生态经济、低碳经济背景下，海洋保护、碳排放限制等会给区域乃至全国产业结构和经济增长带来怎样的变化。同时也可以看出，在这一领域，学者专家们运用的研究手段多为实证模型，包括格兰杰因果检验、协整检验、VAR 模型和空间计量模型等。据表 2.8 可知：在经济增长与产业结构关系关键词共现图谱中，只有 3 个高中介中心性节点，即产业结构、经济增长和产业机构调整起到了沟通桥梁的作用。

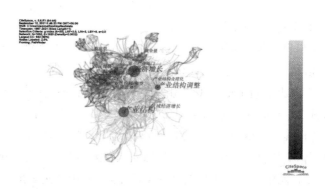

图 2.10　关键词共现网络

表 2.7　排名前 19 位的关键词共现统计（按照共现频次）

| 序号 | 作者 | 频次 | 序号 | 作者 | 频次 |
|------|------|------|------|------|------|
| 1 | 经济增长 | 238 | 11 | 碳排放 | 7 |
| 2 | 产业结构 | 202 | 12 | 城镇化 | 7 |
| 3 | 产业结构调整 | 97 | 13 | 全要素生产率 | 7 |
| 4 | 产业结构高级化 | 17 | 14 | 技术进步 | 7 |
| 5 | 产业结构合理化 | 16 | 15 | 经济发展 | 6 |
| 6 | 经济增长方式 | 13 | 16 | 第二产业 | 6 |
| 7 | 区域经济增长 | 13 | 17 | 协整分析 | 6 |
| 8 | VAR 模型 | 12 | 18 | 空间计量模型 | 6 |
| 9 | 实证分析 | 9 | 19 | 协整检验 | 6 |
| 10 | 格兰杰因果检验 | 8 | — | — | — |

表 2.8　排名前 12 位的关键词共现统计（按照中介中心性）

| 序号 | 作者 | 中介中心性 |
|------|------|-----------|
| 1 | 产业结构 | 0.37 |
| 2 | 经济增长 | 0.22 |
| 3 | 产业结构调整 | 0.22 |
| 4 | 经济增长方式 | 0.03 |
| 5 | 区域经济增长 | 0.02 |
| 6 | VAR 模型 | 0.02 |
| 7 | 碳排放 | 0.02 |
| 8 | 技术进步 | 0.02 |

表2.8(续)

| 序号 | 作者 | 中介中心性 |
|------|------|------------|
| 9 | 三次产业 | 0.02 |
| 10 | 海洋产业结构 | 0.02 |
| 11 | 现代经济增长 | 0.02 |
| 12 | 第一产业 | 0.02 |

2.3.2.3 经济增长与产业结构关系研究领域文献的关键词聚类分析结果

利用 CiteSpace 的对数似然比（LLR）算法对关键词节点进行聚类，进一步调整聚类图谱模块化系数，优化聚类模块，共得到 18 个聚类，分别为 Cluster 0（LLR 标签：产业结构）、Cluster 1（LLR 标签：经济增长）、Cluster 2（LLR 标签：产业结构合理化）、Cluster 3（LLR 标签：技术进步）、Cluster 4（LLR 标签：粗放型）、Cluster 5（LLR 标签：我国产业机构）、Cluster 6（LLR 标签：环境污染）、Cluster 7（LLR 标签：第一产业）、Cluster 8（LLR 标签：实证分析）、Cluster 9（LLR 标签：区域经济增长）、Cluster 10（LLR 标签：碳排放）、Cluster 11（LLR 标签：劳动生产率）、Cluster 12（LLR 标签：全要素生产率）、Cluster 13（LLR 标签：产业结构失衡）、Cluster 14（LLR 标签：不平衡增长）、Cluster 15（LLR 标签：海洋经济增长）、Cluster 17（LLR 标签：新经济增长点）和 Cluster 19（LLR 标签：产出效应），见图 2.11。

图 2.11　关键词聚类图谱

衡量图谱聚类的主要指标为模块化参数（Modularity Q）和剪切值（Silhouette S）。图谱中的 Q 值反映的是聚类结构是否显著，Q>0.3 时说明了聚类结构显著；一个聚类的 Silhouette S 值反映的是该聚类内容的同质性，一般认为其值大于 0.5 时聚类是合理的，其值大于 0.7 时意味着聚类是令人信服的①。本研究中的 Q 值 0.718 8>0.3，即说明聚类结构显著；平均 Silhouette S 值为 0.918 3>0.7，即说明聚类是令人信服的。每个聚类的标签及相关说明见表 2.9，可以对经济增长与产业结构关系研究领域的基本知识结构及其演化过程有一个初步的了解。需要注意的是，聚类标签并不能完全明确该领域的基本知识结构，只有在目前图谱的基础上结合相关的经典文献才能明确，仅仅通过图谱的结构要点提示是不够的。结合聚类中的主要相关文献及其参考文献分析后得出：Cluster 0、Cluster 1、Cluster 2、Cluster 5、Cluster 7、Cluster 9 和 Cluster 13 的研究主题是我国在经济增长与产业结构关系研究领域的传承与发展，Cluster 3、Cluster 4、Cluster 6、Cluster 10、Cluster 11、Cluster 12 和 Cluster 19 讨论的是对经济增长和产业机构之间中介影响因素的研究，Cluster 8 是利用实证分析方法来进行的数据化研究，Cluster 14、Cluster 15 和 Cluster 17 是在新视角下进行的拓展研究。

表 2.9　聚类标签说明

| 聚类号 | 聚类标签 | 研究主题 |
|---|---|---|
| 0 | 产业结构 | 我国在经济增长与产业结构关系研究领域的传承与发展 |
| 1 | 经济增长 | 我国在经济增长与产业结构关系研究领域的传承与发展 |
| 2 | 产业结构合理化 | 我国在经济增长与产业结构关系研究领域的传承与发展 |
| 3 | 技术进步 | 对中介影响因素的研究 |
| 4 | 粗放型 | 对中介影响因素的研究 |
| 5 | 产业机构 | 我国在经济增长与产业结构关系研究领域的传承与发展 |
| 6 | 环境污染 | 对于中介影响因素的研究 |

---

① 李杰，陈超美. CiteSpace 科技文本挖掘及可视化 [M]. 北京：首都经济贸易大学出版社，2016：150.

表2.9(续)

| 聚类号 | 聚类标签 | 研究主题 |
|---|---|---|
| 7 | 第一产业 | 我国在经济增长与产业结构关系研究领域的传承与发展 |
| 8 | 实证分析 | 利用实证分析方法进行的数据化研究 |
| 9 | 区域经济增长 | 我国在经济增长与产业结构关系研究领域的传承与发展 |
| 10 | 碳排放 | 对中介影响因素的研究 |
| 11 | 劳动生产率 | 对中介影响因素的研究 |
| 12 | 全要素生产率 | 对中介影响因素的研究 |
| 13 | 产业结构失衡 | 我国在经济增长与产业结构关系研究领域的传承与发展 |
| 14 | 不平衡增长 | 新视角下的拓展研究 |
| 15 | 海洋经济增长 | 新视角下的拓展研究 |
| 17 | 新经济增长点 | 新视角下的拓展研究 |
| 19 | 产出效应 | 对于中介影响因素的研究 |

通过 CiteSpace 软件的时间线视图（Timeview）功能得到 18 个聚类模块的时序图谱（如图 2.12 所示），侧重在时间维度展示每个聚类模块的历史跨度以及聚类模块之间的联系。对经济增长与产业结构关系研究的知识结构进行大概的梳理：

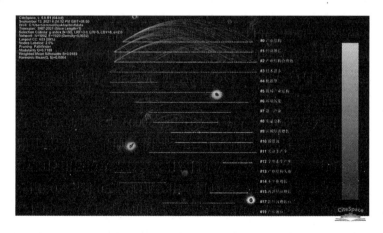

**图 2.12　聚类模块的时序图谱**

（1）基本核心研究。

基本核心研究主要涵盖了 Cluster 0、Cluster 1、Cluster 2、Cluster 5、Cluster 7、Cluster 9 和 Cluster 13 的研究内容，是关于我国在经济增长领域与产业结构关系的传承与发展的研究。主要分为三个板块的内容：第一个部分是在理论分析演进方面。首先是学者们在研究配第—克拉克定律、后工业化理论的基础上提出了产业结构系数、优化后的偏离份额法、产业结构早熟化以及从马克思主义政治经济学视角得到的产业结构变迁度等一系列研究产业结构与经济增长之间关系、动力以及未来发展的新思路、新方法。其次是关于我国当下正在经历的结构转型经济降速期，制度创新或者说制度变革对于这两者发挥怎样的作用进行了研究。第二部分是学者们进行了大量的国际或地区之间的对比研究，包括中美之间、中俄之间、东亚地区以及"亚洲四小龙"之间不同阶段的数据对比，希望从国际上借鉴学习到更加合理的经济发展方式，能够更清楚地看到当下我国产业结构的问题和经济增长的难点。第三部分则是学者们在产业结构和经济增长两者之间加入了第三个因素，去探讨三者间的关系：①贸易问题，包括贸易开放度、出口商品的结构变化等，将经济增长纳入贸易与产业结构升级互动关系框架中去研究。②金融发展水平和金融结构问题，包括金融结构和产业结构的协调发展对于经济增长的影响，也涉及最新的科技金融对产业创新和产业结构合理化的双重路径带动经济增长的研究。③第一产业问题。④就业量和就业结构问题，主要研究的是在经济增长背景下如何通过产业结构调整增加我国的就业量，以及优化就业结构。⑤消费结构问题，消费结构不能直接影响经济增长，但其跟产业结构的关系十分密切，而经济增长反过来会影响到产业结构优化的问题。⑥税收问题，探讨经济增长和税收增长下，产业结构的变化对税收变化的影响。⑦老龄化问题和与之相关的人力资本问题，学者们在对老龄化和经济增长两者关系进行研究的时候发现产业结构在这两者之间可能起到了非常重要的中介作用，产业结构的优化、高级化能够在一定程度上缓解或者抑制老龄化对经济增长的负面冲击，对此再进一步分析，发现人口质量或者说人力资本的高级化、科技人力资本等能够推动产业结构优化，进而共同促进经济增长。

（2）重要的考虑因素：技术进步。

Cluster 3，技术进步、产业结构和经济增长这三者之间的关系研究也是一个持续了数十年的研究热点，从20世纪90年代着重在理论层面研究技术进步与产业结构间的紧密联系，以及它们共同推动经济增长方式的转换，到开始明确产业结构升级在技术进步或者说科技创新和区域经济增长之间存在一个中介效应，也有一个门槛效应，不断在实证和理论方面深入研究三者的关系，为如何走上可持续的经济增长道路提供更为可靠的依据。

（3）重要的考虑因素：国内的不同区域。

Cluster 9，疆域辽阔、地大物博既是我国重要的地理特征，也是重要的经济特征。不同区域的巨大的资源禀赋差异带来了我国经济特征的明显的区域异质性。也正因如此，在研究产业结构和经济增长问题时，有众多的学者会进行例如东、中、西部的分地区研究，或是更细致的各省、市、区的专门研究。除此之外，特殊的城乡二元经济特征也是一个对各种经济问题而言极大的影响因素，因而把城乡之间的收入差距、城镇化问题等加入产业结构和经济增长问题一起来考虑，发现了产业结构和经济增长对城镇化有推动作用以及城镇化的"选择效应"会优化产业结构、促进经济增长。

（4）重要的考虑因素：第一产业。

Cluster 7 和 Cluster 17，第一产业尽管是我国三大产业目前来说产值比重最低的产业，但它是第二和第三产业可持续发展的基础，也是我国广大农村地区经济的支柱产业，因而第一产业尤其是农业的经济发展引起了许多学者的研究兴趣。主要的研究方向为农业内部的产业结构对农业经济增长的影响，也涉及一些其他因素，如农村金融、农业信息化和城镇化等。林业是第一产业中另一个关注度很高的研究内容，主要涉及我国各个主要林区的经济增长和结构问题。第一产业也是我国当下结构转型期着力想要突破的一个新经济增长点，可以为经济的可持续增长做好蓄力。

（5）重要的考虑因素：环境问题。

Cluster 6 和 Cluster 10，包括能源消费、碳排放、环境污染和环境规制的问题。2009 年联合国世界气候变化大会开启了低碳经济的新纪元，我国学者也逐步开始把视线投向了环境问题，探究如何在保证经济增长的基础上实现低碳节能的环保目标。首先要考量的便是直接能源消费与产业结构和经济增长的关系，通过向量自回归、分位点回归、结构方程等计量模型去刻画它们之间的关系，而碳排放作为与能源消费直接相连的因素也被众多学者列为重要影响因素，研究发现产业结构可以成为碳排放和经济增长之间的"调节器"，有效地实现低碳、高增长的目标。环境污染与产业结构之间呈倒"U"形倒"N"形或正相关关系；而且把环境治理或是环境规制加入其中一起考量，会发现环境规制和产业结构协同发挥作用，会对经济发展带来直接或间接的影响。

（6）重要的比率：劳动生产率和全要素生产率。

Cluster 11 和 Cluster 12，无论是劳动生产率还是全要素生产率，都是同产业结构变迁和经济增长水平息息相关的重要指标。关于它们的研究主要是从两个角度切入的：一个角度是直接研究产业结构服务化或者三次产业中就业结构变化带来的产业结构产值和就业人数的变化，引起全社会劳动生产率或全要素生产率的下降，进而影响经济增长；另一个角度是把劳动生产率和全要素生产率的提高作为经济增长的一个重要指标，因而着重拆解这两个比率里的产业结构变迁效应和技术进步效应，为我国未来经济增长提出相关建议。

（7）重要的研究方法：实证分析。

Cluster 8，在 861 篇文献中，有近一半的文章在摘要中都提到了"实证"或"计量"方法，实证分析法已经成为经济学研究中主流乃至必要的研究方法。在经济增长与产业结构关系的研究领域里，学者们大量应用统计模型、数值模拟和计量模型，包括动态随机一般均衡模型、多部门经济模型、静动态偏离份额分析、面板门限模型、Aghion 创新模型分析方法、灰色关联模型、误差修正模型、向量自回归模型和空间计量经济模型等多种模型，从多个角度、用多种指标对此问题进行研究。

（8）新的研究视角：海洋经济增长。

Cluster 15，2001 年，联合国正式文件中首次提出了"21 世纪是海洋世纪"。今后 10 年甚至是 50 年内，国际海洋形势将发生较大的变化，海洋将成为国际竞争的主要领域，而在我国，2006 年海洋产业的增加值已经达到全国 GDP 的 4%。正是在这样的背景下，不少学者开始研究这个重要的新领域：海洋经济增长。通过研究海洋产业结构与海洋经济增长的关系，发现了许多独特的现象，譬如海洋的产业结构调整是海洋经济增长的结果而非原因，只有要素投入报酬率的改变才能为海洋经济增长提供持续动力，海洋产业结构调整与沿海经济增长存在较为显著的空间依赖性，且呈现非均匀分布特征等。这些研究丰富了产业结构与经济增长关系研究的内容。

2.3.2.4　经济增长与产业结构关系研究领域文献中的关键词突现分析结果

通过 CiteSpace 分析软件的 Burst 突现检测对关键词共现热度变化进行研究，共检测到 19 个突现关键词（gamma = 0.5），见图 2.13。图 2.13 表示的关键词的突发性是按照突发起始的时间来进行排序的，从图上我们可以看到 2010 年左右有一个非常明显的分界：在此之前研究的主要关键词还是围绕着产业结构（包括具体某一产业和产业结构转换等）和经济增长（包括经济增长方式及转变等）两者来进行的。而在 2010 年之后，主要关键词更多转向了研究的细节，方法上有格兰杰因果检验、灰色关联模型和空间计量模型，指标上有全要素生产率、产业结构的高级化和合理化，新加入的考虑因素有城镇化和环境规制。

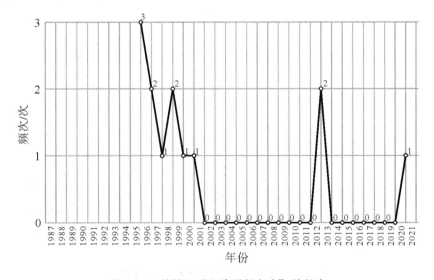

Top 19 Keywords with the Strongest Citation Bursts

| Keywords | Year | Strength | Begin | End | 1987—2021年 |
|---|---|---|---|---|---|
| 技术进步 | 1987 | 2.59 | 1987 | 1997 | |
| 国民经济 | 1987 | 2.27 | 1987 | 1997 | |
| 产业结构转换 | 1987 | 2.25 | 1987 | 2005 | |
| 经济发展 | 1987 | 2.28 | 1988 | 1996 | |
| 三次产业 | 1987 | 2.18 | 1993 | 1999 | |
| 经济增长方式 | 1987 | 5.22 | 1996 | 2001 | |
| 第二产业 | 1987 | 3.43 | 1996 | 2000 | |
| 经济增长方式转变 | 1987 | 2.5 | 1996 | 1997 | |
| 现代经济增长 | 1987 | 2.4 | 1996 | 1998 | |
| 产业结构调整 | 1987 | 2.28 | 1996 | 2000 | |
| 格兰杰因果检验 | 1987 | 3.74 | 1997 | 2000 | |
| 全要素生产率 | 1987 | 1.83 | 2011 | 2015 | |
| 产业结构高级化 | 1987 | 2.12 | 2013 | 2015 | |
| 产业结构合理化 | 1987 | 3.94 | 2014 | 2019 | |
| 城镇化 | 1987 | 3.19 | 2014 | 2021 | |
| 产业结构经济增长灰色关联分析 | 1987 | 2.83 | 2014 | 2016 | |
| 空间计量模型 | 1987 | 2.26 | 2014 | 2017 | |
| 环境规制 | 1987 | 2.54 | 2016 | 2021 | |
| | 1987 | 2.39 | 2017 | 2021 | |

图 2.13　Burst 突现检测结果

图 2.13 中另外的指标有 begin＝burst 开始的年份，Strength 是指突发的强度，所以接下来仔细看一下强度最强、出现持续时间最长以及出现时间最晚的 3 个突发关键词的情况。

（1）强度最强的突现词——经济增长方式。

从图 2.14 中可以看出强度最强的突现关键词是经济增长方式，起始于 1996 年，然后逐步下降，在 2013 年有个上升，到 2021 年也仍存在于学者的研究中。

图 2.14　关键词"经济增长方式"的频次

1996 年，关键词"经济增长方式"出现了 3 次，分别出现于《转变经济增长方式必须提高产业结构水平——兼论提高南通产业结构水平的对策措施》《调整和优化产业结构是转变经济增长方式的首要条件》和《转变经济增长方式必须提高产业结构水平》。可以看到 1995 年党的十四届五中全会提出"经济增长方式从粗放型向集约型转变"后，学者们开始就此进行了系列研究，主要还是从产业结构水平同经济增长方式关系的理论分析上着手。2013 年的 2 篇论文，《贸易与产业结构双轮驱动下的中国经济增长方式——基于 VAR 模型的实证分析》和《韩国产业结构变迁对经济增长方式转型的影响——基于能耗碳排放的实证分析》，一个是运用 VAR 模型把对外贸易结构加入其中看三者的协同关系，另一个则是从能源消耗强度和碳排放强度的变化来看韩国产业机构变迁对经济增长方式转型的影响。而 2021 年的论文《产业结构调整与中国经济增长方式转变——基于 240 个城市数据的空间计量分析》则是在对多个空间权重矩阵与空间计量模型进行比较的基础上，考察产业结构合理化与产业结构高度化对中国经济增长方式转变的影响。在这个过程中，我们可以看到前文提到的以 2010 年为界对经济增长方式的研究是由纯理论探讨转变为实证检验以及多因素加入的复杂关系研究。

（2）持续时间最长的突现词——产业结构转换。

从关键词突现列表可知，"产业结构转换"是持续时间最长的突现词。突现起于 1987 年，持续到 2005 年，见图 2.15。

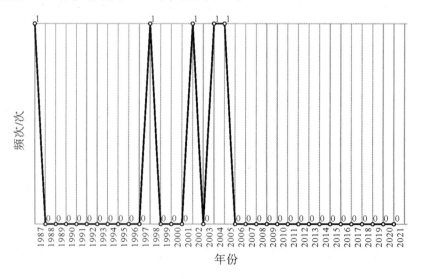

**图 2.15 关键词"产业结构"转换的频次**

梳理此关键词的几次突现研究，1987 年《论我国经济增长中的产业结构转换》、1998 年的《产业结构与经济增长》、2001 年的《产业结构转换、市场制度变迁与西部地区经济增长：对陕西的案例分析》、2004 年的《新疆产业结构与经济增长》和 2005 年的《论产业结构的合理性与经济增长的有效性——试论资源枯竭型城市的产业结构调整与可持续发展》都是强调在研究经济增长时要更多从产业结构这一角度来对其进行分析。曹新（1998）认为："现代经济增长方式本质上是结构主导型增长方式，即以产业结构变动为核心的经济增长。经济总量与产生结构的变动是有机统一的，中国现代经济增长，正是通过产业结构变动带来的非均衡增长。"这是从结构主义经济学的角度来看待经济增长，认为经济增长的本质本身就是产业结构转换带来的。而另一类看法则认为在研究增长问题时需要更多地从只关注经济总量上的增长转移到经济结构或者说产业结构转换带来的经济"质"的增长，不能将经济增长同产业结构转换直接等同。比如孟辉（2005）认为："经济总量增长与经济结构优化和产业结构升级对经济可持续发展的基础性作用是不同的。总量增长只表现为量的增加，结构优化才表现为质的提高。"

（3）出现时间最晚的突现词——环境规制。

"环境规制"是这 19 个突现关键词里出现最晚的，2017 年才突然出现并持续到现在，具体趋势见图 2.16。

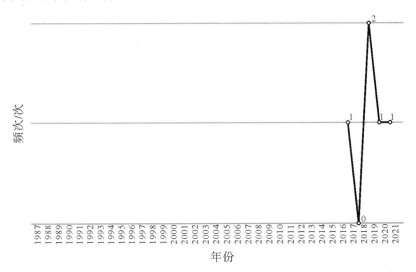

**图 2.16 关键词"环境规制"的频次**

"规制"概念本身出现得就比较晚。20 世纪 70 年代美国经济学家 A. K.

Kahn 的《规制经济学：原理与制度》的出版，标志着规制经济学作为一门学科而诞生，Kahn 认为规制的实质是政府命令对市场竞争的一种取代，目的是维护良好的经济绩效，实现社会福利最大化。而到了 20 世纪 80 年代，拉丰等人将委托代理理论、信息经济学及机制设计等经济学方法运用到环境规制问题的解决中，使环境规制问题的研究更趋于实际化。而我国学者开始比较完整地研究环境规制基本在 2009 年左右（赵玉民等 2009 年发表的《环境规制的界定、分类与演进研究》）。

从图 2.15 中可以看到第一篇文献出现在 2017 年。张娟的《资源型城市环境规制的经济增长效应及其传导机制——基于创新补偿与产业结构升级的双重视角》，主要通过 2004—2014 年资源型城市的面板数据来进行实证检验，看环境规制工具对其经济增长的影响和传导机制，最终得出结论：资源型城市环境规制未对经济增长造成不利影响，主要是由于经济资源从效益不佳的工业企业流向了第三产业，同时工业部门自身的创新潜力也已逐步凸显。

唐晓华（2019）从产业结构合理化及高级化双重视角对环境规制对区域经济增长的影响进行分析。他利用省级面板数据，按地理位置划分了四个经济区域，得到的结论是"产业结构高级化对区域经济增长均产生显著促进作用，产业结构合理化对区域经济增长的影响存在区域异质性，环境规制通过产业结构合理化对区域经济增长的间接作用也表现出异质性，在东北地区及东部地区环境规制通过产业结构合理化的提升抑制区域经济增长，中西部地区相反"[①]。史长宽（2019）则是采用空间索贝尔—古德曼（Sobel—Goodman）方法检验产业结构对环境规制市场类系列政策工具影响经济增长的中介效应，认为市场类各环境政策工具对经济增长影响效应及传导机制具有较强的互补性和异质性，提高市场类环境政策工具总体强度能够持续促进经济增长。

孟望生（2020）在《黄河流域环境规制和产业结构对绿色经济增长效率的影响》中运用固定效应估计方法探究黄河流域环境规制和产业结构高级化、合理化对绿色经济增长效率的影响效应，最终得到的结论是黄河流域的环境规制确实在这两个方面对绿色经济增长效率有提升效应。而马晓钰（2021）的《产业结构调整、环境规制与经济增长——基于中国 2005—2017 年 30 个省域面板数据的实证研究》，则是从全国层面上利用我国 2005—2017 年 30 个省域面板数据实证检验了现阶段产业结构调整和环境规制对经济增长的影响。马晓

---

① 唐晓华. 环境规制对区域经济增长的影响：基于产业结构合理化及高级化双重视 [J]. 首都经济贸易大学学报，2019（21）：72-83.

钰认为我国现阶段的产业结构调整确实抑制了经济增长，而环境规制与经济增长之间存在一个倒"U"形的曲线关系，现阶段环境规制对经济增长是有促进作用的，且环境规制可以有效减小现阶段产业结构调整对经济增长的负面影响。

## 2.4  本章小结

（1）对我国经济增长与产业结构关系研究领域的文献进行可视化分析，从国内对经济增长和产业结构的关系研究的发展过程中我们可以看到学者们的研究内容越来越与实践接轨，逐步由理论走向实证，由全国的"面"走向地方的"点"，由纯经济走向了生态经济的趋势。

（2）国内经济增长与产业结构关系研究领域中的热点与前沿是我国经济进入新常态阶段，经济发展与产业结构的新特征、新动力，主要为生态环境、金融发展相结合的研究。在研究方法上，实证计量的方法为当之无愧的热点和前沿，有面板向量自回归模型、空间计量模型等。

（3）国内经济增长与产业结构关系领域中的核心研究机构是中国人民大学，研究者是刘伟教授，它们可以成为该领域国内外学术交流与合作的优先考虑的对象。

# 3 陆地边境地区发展历史及现状：以甘肃省肃北县为例

## 3.1 甘肃边境地区发展的自然人文环境

### 3.1.1 区域概况

肃北蒙古族自治县，位于甘肃省西北部，隶属于甘肃省酒泉市，河西走廊西段将其划分为北山和南山两个不相连的区域，总面积为 66 748 平方千米，约占甘肃省总面积的14%，北邻蒙古国，西与新疆维吾尔自治区、东与内蒙古自治区、南与青海省相邻，南北两地直线距离约 130 千米，中间隔着甘肃省内的敦煌市、瓜州县、玉门市。南山地区坐落在河西走廊西段以南、祁连山脉的西缘，也是肃北县的县府所在地，东西最长约 410 千米，南北最宽处约 160 千米。北山地区坐落在河西走廊西端北部即古肃州之西北地区，北邻蒙古国，是甘肃省唯一的边境地区。与南山地区有所区别的是，北山地区的南北最宽处距离与东西最长处距离相差不大，南北最宽约 220 千米，东西最长处约 190 千米。

自 2005 年自治县乡镇机构改革后，肃北县基层行政区划为两镇一乡，即马鬃山镇、党城湾镇以及石包城乡。具体管辖区域划分如表 3.1 所示：

表 3.1 2005 年肃北县管辖区域划分

| 镇/乡 | 管辖区域 | 总面积/平方千米 | 总人口/人 |
|---|---|---|---|
| 马鬃山镇 | 明水村、云母头村、马鬃山村、音凹峡村、公婆泉村、金庙沟村 | 31 630 | 746 |

表3.1(续)

| 镇/乡 | 管辖区域 | 总面积/平方千米 | 总人口/人 |
|---|---|---|---|
| 党城湾镇 | 党城村、城北村、城关村、东山村、青山道村、马场村、红柳峡村、浩布拉格村、南宁郭勒村、乌兰布勒格村、奎腾郭勒村、阿尔格勒泰村、雕尔力吉村、紫亭社区、巴音社区 | 25 028 | 9 233 |
| 石包城乡 | 石包城村、公岔村、石板墩村、哈什哈尔村、鹰咀山村、鱼儿红村、金沟村 | 10 090 | 1 217 |

2019 年年末，县辖社区和村落规划调整，调整后的肃北蒙古自治县辖两镇两乡，全县户籍人口 12 228 人。根据最新的第七次全国人口普查公报，截至 2020 年 11 月 1 日零时，肃北蒙古自治县常住人口为 15 093 人。

### 3.1.2 地形和气候条件

肃北县境内地形复杂多样，南北两地差异明显。南山地区的东南部临近青藏高原，地势高，海拔在 3 千米以上，形成了高寒山区。该地区地势起伏，山川交错，峡谷并列，盆地相间，由西北向东南，有三条相互平行的高峻的山岭，既有甘肃省最高峰——疏勒南山团结峰（海拔高达 5 826.8 米），也有广袤的谷地和盆地。南山地区的西北部则为沙砾戈壁地形，是海拔 2 千米左右的倾斜平原，地势南高北低，倾斜坡度为 2%~6%。倾斜戈壁平原干旱地带植被较少，细土平原地区则地势平坦，适宜植被和农作物生长。北山地区位于内蒙古褶皱系北山褶皱带，地势东南高、西北低，海拔在 2 千米左右，主要有戈壁盆地和山地两种地貌，地质多为花岗岩，不适宜植被和农作物生长，但是地下储藏着丰富的金属、能源等资源。

肃北县南山区和北山区两地由于纬度、地形的差异，呈现出两种不同的气候类型。南山地区是内陆高寒荒漠草原气候，北山地区是戈壁荒漠气候。南山区和北山区的气候具有以下几点共同之处：第一，南北两地降水量少，且都主要集中在夏季，即湿热同期，南山地区的高海拔地区的降水量比低海拔地区降水量大。第二，太阳辐射强度大、日照时间长，蒸发量大，南山地区为干旱区，北山地区为特干旱区。第三，南北两地气温偏低，夏季时间短、冬季时间长，气象数据显示，全年只有 5 月到 9 月期间气温超过 10 度。第四，南北两地常见沙尘暴和大风天气，一方面这对当地的牧业生产产生了不利影响，另一方面风能也成为新开发的丰富的能源之一。

### 3.1.3 资源条件

肃北县地域辽阔，复杂多样的地貌特征与气候条件创造了丰富的自然资源。

#### 3.1.3.1 水利资源

虽然肃北县的天然降水量较少，但是由于其地理优势和地貌特征，蕴藏着丰富的冰川、河流等水利资源。县内由于海拔地势高，冰川储量十分丰富，《中国冰川目录》祁连山区资料记载的数据如表 3.2 所示。

表 3.2　肃北县冰川概况

| 冰川数量/条 | 975 | 占祁连山冰川总数/% | 34.1 |
|---|---|---|---|
| 冰川面积/平方千米 | 849.38 | 占祁连山冰川总面积/% | 43.1 |
| 冰储量/亿立方千米 | 45.736 | 占祁连山冰川总储量/% | 47.9 |

到了融冰季节，冰川融化则可以产生巨大的水资源补给量，河流总水量的 30%~45%来源于冰川融水。随着季节变迁，冰川融水、水亦结冰，冬夏不消，丰富的地表水资源孕育着嘉峪关外的土地上的生物。水流自高处流向低处，坡度大、水流急且长，专家预测，利用水资源可发电高达 57 万千瓦，具有十分广阔的水力发电前景。北山地区虽然没有丰富的冰川融水和地表径流，但是地下泉水埋深较浅，当地居民在低洼或者山麓地带即可打井掏泉，喷涌的泉水可供生活、生产、畜牧用水。

#### 3.1.3.2 牧草资源

充足的日照时间和丰富的水资源营造了一个完整的生态系统，给牧草创造了有利的生长环境。在南山地区，约有 72%以上的土地为天然牧草场，牧草种类多达 200 种，并且营养价值高、有利于牲畜生长和发育，多为沙草科牧草、豆科牧草以及禾本科牧草，为自治县的畜牧业长期发展奠定了基础，理论上可以喂养 48 万只牧羊单位。北山地区的干旱荒漠区有 2.84 万平方千米的天然牧草场。北山地区的牧草多为耐旱、耐盐碱的灌木植物，适合山羊、绵阳、骆驼等牲口食用，营养价值高，利于牲畜长膘发育，理论上可以喂养 26 万只牧羊单位。

#### 3.1.3.3 野生动植物资源

根据甘肃盐池湾自然保护区科学考察资料和甘肃省林业厅调查资料，甘肃省 58%的野生动物种类分布在肃北县境内，其中包括 14 种国家一级重点保护野生动物：白唇鹿、藏野驴、蒙古野驴、北山羊、普氏原羚、野牦牛、野骆驼、雪豹、黑颈鹤、胡兀鹫、金雕、白肩雕、玉带海雕、白尾海雕，以及以盘羊、棕熊为代表的 26 种国家二级重点保护野生动物。除有丰富的野生动物资源以外，肃北县也生长着丰富的野生植物，包含 8 种防护林植物、55 种优良牧草、44 种药用植物，不仅具有景观价值，也产生了巨大的经济价值。丰富的野生动植物资源是大自然的馈赠，也是国家、社会的宝贵财富。

### 3.1.3.4　矿产资源

肃北县境内蕴藏着丰富的矿产资源，南山、北山两地共有 300 多处矿产产地，主要包含黑色金属、有色金属及贵金属、非金属和能源四种类型。根据现有资料，四种矿产类型的代表资源名称、储量及分布如表 3.3 所示。

表 3.3　肃北县矿产种类、储量和分布

| 矿产类型 | 矿产种类 | 储量 | 分布地区 |
|---|---|---|---|
| 黑色金属 | 铬、铁、锰 | 铬：155.6 万吨；铁：10 321 万吨 | 大道尔吉、七角井 |
| 有色金属及贵金属 | 金、钨 | 黑钨 1 吨，白钨 4 吨 | 鱼儿红塔尔沟 |
| 非金属 | 云岩、菱镁、硫及硫铁、磷、蛇纹岩、重晶石、石墨、石榴石、石膏、脉石英、萤石、黏土 | 大型矿床 6 处，中型 3 处、小型 13 处，矿点 49 处 | 南山地区 |
| 能源 | 煤 | 产煤地 18 处，其中大型 1 处、中型 1 处、小型 2 处、矿点 14 处 | 吐鲁—驼马滩煤矿带 |

### 3.1.4　人文环境

#### 3.1.4.1　人口

肃北县人口密度较小，人口文化素质水平偏低，小学学历和初中学历占比最多，甚至还存在文盲人口，当地人口文化素质水平偏低也是制约经济、社会发展的因素之一。当地人依托当地自然、地理、气候条件，主要从事农牧业。1950 年，当地 96.99% 的人口为农牧民人口，只有 46 人属于城镇人口。随着经济水平的不断提升，城镇人口数量逐年增加，农牧民人口占比逐年降低。直至 2004 年，城镇人口数量已经增加至 4 745 人，占总人口数量的 42.56%，农牧民人口数量为 6 420 人，占总人口数量的 57.27%。

2000 年全国第五次人口普查数据显示，肃北县总人口为 13 046 人，平均每千米 0.19 人，是甘肃省人口密度最小的县份。具体人口资料如表 3.4 所示。

表 3.4　2000 年肃北县人口概况

| 人口类型 | 人数/人 | 占总人数比例/% |
|---|---|---|
| 总登记人口 | 13 046 | 100 |
| 男性人口 | 7 664 | 58.7 |
| 女性人口 | 5 382 | 41.3 |
| 少数民族 | 4 480 | 34.34 |
| 汉族人口 | 8 566 | 65.66 |
| 党城湾镇人口 | 4 573 | 35.05 |
| 马鬃山镇人口 | 2 789 | 21.38 |
| 党城乡人口 | 2 752 | 21.1 |
| 别盖乡人口 | 696 | 5.33 |
| 石包城乡人口 | 1 035 | 7.93 |
| 盐池湾乡人口 | 515 | 3.95 |
| 鱼儿红乡人口 | 248 | 1.9 |
| 鱼儿红牧场人口 | 438 | 3.36 |

根据 2020 年第七次全国人口普查数据（如图 3.1 所示），2020 年 11 月 1 日零时肃北县常住人口为 15 093 人，相较于 2000 年第五次全国人口普查的 13 046 人净增 2 047 人，增长 15.69%。历次人口普查结果显示，总人口虽然在增加，但年均增速在逐年下降。营商环境的不断优化，吸引了大量企业的到来，增加了肃北县的常住人口。

2020 年第七次人口普查数据显示，从年龄构成来看（如图 3.2 所示），肃北县常住人口中，60 至 64 岁人口为 1 731 人，占 11.47%；其中 65 岁及以上人口为 1 154 人，占 7.65%。与 2010 年第六次全国人口普查数据相比，60 岁及以上人口的比重上升 3.36 个百分点，其中 65 岁及以上人口的比重上升 2.81 个百分点。人口年龄结构的变化反映了肃北县人口老龄化趋势，对提升产业结构、加快经济发展提出了客观要求。

肃北县城镇化趋势明显，第七次全国人口普查数据相较于 2010 年第六次全国人口普查数据中城镇人口比重上升 15%。随着肃北县综合经济实力增强和产业结构调整，城镇化水平稳步提升。与 2000 年第五次全国人口普查相比，肃北县居民的全社会受教育程度有所提升（如图 3.3 所示），文盲人口减少

159 人，文盲率由 6.29% 下降为 2.82%，下降了 3.47 个百分点；平均受教育年限上升，人口素质不断提高，社会公众对教育重要性的认识进一步提高。

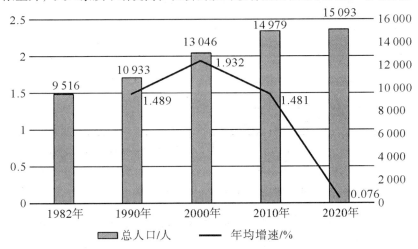

**图 3.1　1982—2020 年肃北县历次人口普查总人口数**

（数据来源：肃北县人民政府网，肃北县第七次全国人口普查公报，http：//www. subei. gov. cn//suBei/c110696/202205/1850f8478d1944b6820d789ca723f12e. shtml）

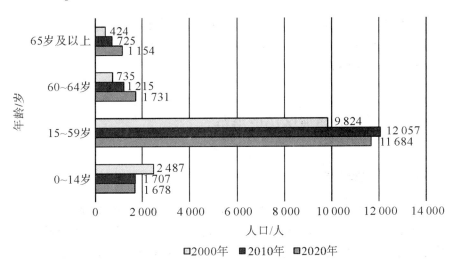

**图 3.2　2000—2020 年肃北县历次人口普查年龄构成**

（数据来源：肃北县人民政府网，肃北县第七次全国人口普查公报，http：//www. subei. gov. cn//suBei/c110696/202205/1850f8478d1944b6820d789ca723f12e. shtml）

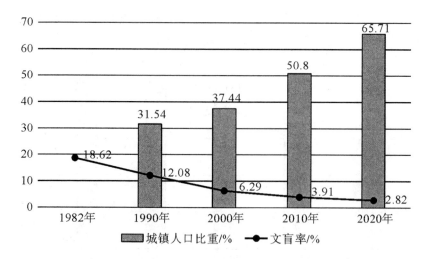

图 3.3　1982—2020 肃北县历次人口普查城镇人口比重和文盲率变化

（数据来源：肃北县人民政府网，肃北县第七次全国人口普查公报，http：//www.subei.gov.cn//suBei/c110696/202205/1850f8478d1944b6820d789ca723f12e.shtml）

### 3.1.4.2　民族

肃北县是甘肃省唯一的蒙古族自治县。截至 2020 年年底，肃北县全县户籍人口 12 408 人，有汉族、蒙古族等 9 个民族，其中蒙古族 4 726 人，占 38.08%；汉族 7 256 人，占 58.47 %。

## 3.2　甘肃边境地区历史沿革

### 3.2.1　民族区域自治

肃北县是甘肃省最早实现民族区域自治的地方之一。大多数的民族区域自治政权都是在庆祝、欢愉、热闹的氛围下诞生的，而肃北县则诞生于剿匪的枪林弹雨之中，面临着艰难困苦的考验。新中国成立初期，来自国民党九十一军和敦煌等地的地主、新疆窜入的骑五军以及当地的土匪相互勾结，威胁牧民群众，抢劫财物，残害当地的人民百姓。中国人民解放军进军盐池湾，经过激烈战斗，一举剿灭土匪的老巢，最终解救了牧民群众，中国人民解放军也因此获得了当地牧民群众的信任。解放军工作队员在宣传中国共产党各项利民政策的同时，也充分尊重蒙古牧民的风俗习惯与民族文化，解除了蒙古族牧民的担忧。肃北县成立之初，并没有明确的自治区域，有将近一半的蒙古族牧民客居在相邻的农业县。1950年7月20日，甘肃省人民政府决定撤销肃北设治局，设立肃北自治县级区，也明确了行政管辖区域。明确行政区域自治权利以来，人民代表大会充分尊重当地主体蒙古族人民当家做主的权利，无论是政府组成人员还是代表大会组成人员，蒙古族人口所占比例都很高。1953年11月底，在党城湾固定自治县政府机关，多年客居在敦煌、安西等县的蒙古族人民也相继回迁至肃北草原，肃北县的政治、经济、文化和社会建设开始进入了崭新的发展时期。除宪法赋予的民族区域自治的政治权利以外，肃北县在民族贸易、教育、财政等各个方面都得到了国家、社会的扶持和照顾。肃北自治县内使用和发展民族语言、文字，帮助当地牧民摘掉"文盲"帽子，学校同时开设蒙古语和汉语两种语文课，为民族交流、文化融合、团结合作创造了有利的条件。

### 3.2.2　土地改革

新中国成立以来，肃北县确立了新民主政权，但是生产、生活资料匮乏，想要恢复之前正常的畜牧业生产仍旧困难重重。在中国大力推行土地改革制度以后，1951年，肃北县内的多数蒙古族人民与汉族人民一起积极参与了土地改革运动。参与土地改革运动的蒙古族人民获得了土地、牲畜、耕地以及农具、房屋，并且当时的地主制度被取缔，蒙古族牧民重获新生，翻身成为肃北县的主人，诸多积极分子涌现，全力投入牧区民主改革和社会主义改造运动。

### 3.2.3　民主改革

1951年8月至1956年12月，肃北县境内全面开展民主改革运动，废除了封建特权制度以及雇佣劳动制度。与农耕经济不同的是，牲畜归牧主所有，也因为牧主具备更加丰富和充分的畜牧管理经验，牧民只具备简单的养殖经验，在短时间内牧民很难脱离对牧主的依赖关系。对于以牧业经济为主的肃北县而言，不仅要废除封建特权制度，解放牧民对牧主的人身依附关系，还要贯彻牧场、草场公有制度，由政府统一管理和调配草原，让牧民成为草原的主人，获得放牧的生产资料。实行自由放牧政策、不划分阶级、牧民牧主共利的政策，从而化解牧主与牧民之间阶级斗争的矛盾，限制牧主对牧民的封建剥削，解放草场牧区的生产力，提高牧民的生活与生产水平。在政府民主改革的政策支持下，截至1956年年底，牲畜总量大幅增长，与1951年相比增长了2.63倍。

### 3.2.4 社会主义改造

肃北县贯彻落实宗教信仰自由政策，建立农业互助组，提高劳动生产效率，增加人民收入。通过成立由蒙古族、汉族、藏族各族人民组成的农牧业结合生产合作社，增强不同民族人民之间的黏性与团结，提高社员的收入水平，并且开始兴建新房，使社员开始定居，结束了游离的游牧生活，使落后、分散、个体的农牧业生产关系转化为合作、团结的社会主义生产关系，提升了农民、牧民的生产积极性，人民公社化运动的热潮兴起，完成了民主改革和社会主义改革。与中国其他地区人民公社化运动一样，集体经济的建立和发展一方面促进了农业现代化的发展，但另一方面，不务实、吃大锅饭等问题也导致了极大的损失。

### 3.2.5 改革开放

1978 年，党的十一届三中全会顺利召开，宣布了改革开放政策。肃北县从农村牧业经济入手，不断深化和推进改革。1982 年，恢复了肃北县政治协商委员会，大力推进四个现代化建设，以解决实际存在的社会经济问题。

（1）牧区和农村经济体制改革。

1979 年，肃北县逐步放宽牧区和农村经济政策，主要包括以下几个方面：第一，充分尊重牧民开展畜牧生产的自主权，统筹协调管理生产规模；第二，允许农牧民自留牲畜、自留耕地，从而为牧民、农民发展家庭副业提供便利条件，增加其收入；第三，落实免税减税政策，从根本上减轻牧民、农民的赋税负担；第四，恢复向牧民支付畜股费用；第五，落实粮油征购政策；第六，充分考虑普通劳动牧民、农民群众的切身利益，适当降低政府提留比例。

1983 年，在农业上实行家庭联产承包责任制，鼓励多劳多得，大大提升了农民生产积极性，粮食增产、收入提升、农业产值创新高，实现了由单一粮食作物种植转向农业、牧业、林业混合经营方式，农民开始大力发展养殖业，开办磨坊、油坊等副业，给农村经济的发展注入了崭新的生命力和活力。在农业经济改革的成功经验之下，开始实行对牧业经济的改革，改变以家庭为单位的游牧生产经营模式，创造多种形式的生产责任制，给予牧民充分的自主经营权，牧民可以长期承包、使用、管理草原，收益归经营、管理、维护者所有，散养、不规范的畜牧方式逐渐走向规范化、系统化、专业化、商品化、社会化，充分调动了牧民科学养殖、畜牧、生产的积极性。

国家为了维护农村稳定发展、保护农民利益、稳固农业基础地位，提出了农村税费制度改革。肃北县政府从农民、牧民的切身利益出发，为减轻劳动者赋税负担，落实牧区和农村税费制度改革以及相关的配套制度改革，减少甚至取消了政府集资、收费、义务工等内容，实现了减负等经济目标。除了减负以外，国家政府也对肃北县给予了一定的粮食补贴，在减轻经济负担的同时也增加了居民收入。截至 2005 年年底，实现了全员牧民、农民减负的目标。

（2）工业经济体制改革。

20 世纪 50 年代，国有经济体制的工业企业开始在肃北县兴起。到 1983 年年底，肃北县境内有牧农机具修造厂、民族用品加工厂和汽车运输三家小型微利企业。1984 年 6 月，开始实行工商企业的经济体制，主要包括以下几点内容：第一，对领导机制进行改革，实行厂长、经理负责制，党支部只作为企业的基层组织对行政权的落实和实施进行监督和保障；第二，对劳动人事制度进行改革，由过去的单一委任制转化为公平选举制度和投票任期制度；第三，对工资福利制度进行改革，由统一平均分配转化为多劳多得、奖惩分明的制度，提高了企业员工的工作积极性；第四，为提高国有企业经营者以及企业员工的积极性，取缔企业吃国家大锅饭、企业员工吃企业大锅饭的现象，实施积极责任制，将工作绩效奖金、工资直接与职工的劳动成果挂钩。一系列国有企业经济制度的改革，不仅有效提升了企业的经济效益，而且提升了职工的工作积极性，促进了肃北县居民收入水平的增长。

（3）商业体制改革。

肃北县境内的商业体制改革主要包括政企职责分开、开放批发市场、小型企业转为集体或租赁、经营承包等，充分贯彻落实按劳分配的原则，打破了平均分配，不断细化核算单位，将企业绩效落实到人，可以是集体承包责任制，也可以是个人承包责任制，由企业统一负责盈利和亏损转变为由承包者负责各自的盈利和亏损，有力推动了企业公平、健康、稳定的发展。

# 4 陆地边境地区的产业结构及其变迁情况：以甘肃省肃北县为例

## 4.1 产业的构成

为了研究甘肃边境地区产业结构的历史演进规律，正确认识肃北县产业发展的历程，需要对肃北县的经济发展史有一个整体系统的了解。生产劳动是人类社会的基本活动，而任何历史阶段的社会生产都是生产力和生产关系二重性的统一。因此，要正确认识肃北县产业结构变迁，就要考察肃北县不同时期占主要地位的生产方式和经济结构，以及其反映的人与自然的物质变化关系和人与人的经济关系。

### 4.1.1 牧农林业

#### 4.1.1.1 畜牧业

（1）畜牧业的发展历程。

肃北县牧草资源、野生动植物资源丰富，畜牧业在整体的产业结构中占有重要的比重。1950 年，肃北县刚刚成立，畜牧业总产值为 10.7 万元，占据工农业总产值的 84%；1984 年实行改革开放政策以后，各个行业都发展迅速，畜牧业总产值增加到 380 万元，占据工农业总产值的 84%；2004 年以后，肃北县的工业、服务业开始兴起和发展，畜牧业产值在全县总经济产值中仍旧占有重要的地位。

1949 年以前，肃北县境内的畜牧业实行集体公有制经济体制，长期颠沛流离、土匪掠夺、自然灾害等各种因素严重制约了畜牧业的发展。新中国成立以后，政府为了恢复和发展肃北县的畜牧业，先后对贫困牧民实施物资救助和补助，包括现金补助、粮食补贴、牲畜救济等，为了扶持畜牧业生产，采取发放贷款、减税、免费等财政政策，充分调动了牧民的生产积极性，产生了良好的经济效益。但是由于违背了生态环境的长期发展规律，过度放牧、一味追求短暂的经济利益，草场植被利用过度，给畜牧业的长期稳定发展带来了负面影响。改革开放以来，肃北县根据中国共产党的实事求是的思想指导路线，提出了科学发展的经营方针，实行草场承包责任制，重新布局畜牧业生产结构，一定程度上缓解了牧草和牲畜、劳动者和牲畜之间的矛盾。实行市场经济体制以及草场承包责任制以来，肃北县境内的畜牧业实现了数量型增长向效益型增长的转变，畜牧业生产总值大幅增长，牧民收入也得到了进一步的提高。

（2）牲畜的经营管理。

无论是古代的游牧，还是近代的放牧，肃北县的牧民们都积累了丰富的牲畜经营管理经验。为进一步发展畜牧业，自治县牧民十分注重总结和传承这些优秀的经营管理经验，提升了生产效益和劳动者的积极性。畜牧业的发展与自然地理环境和气候环境息息相关，充满智慧的蒙古族牧民依据肃北草原干旱、寒冷等劣势条件，将全年划分为四个畜牧生产阶段。牧民善于趋利避害，合理安排养殖、放牧时间，形成了动态的四季轮牧的生产模式。春天，肃北境内仍旧以风雪天气为主，牧民选择地势平缓可以避风朝阳的草湖滩、山脚、山谷等地来生产羊羔，通过搭建暖棚、将怀胎母畜和饥乏牲畜分群放牧等经营管理措施来度过繁忙的接羔、育羔的春季。夏天是肃北县境内最湿热的时候，草场牧草茂盛、营养价值最好，气候凉爽，地表水资源丰富，牧民们日出而作、日落而归，在草场上放牧，同时也开始为牲畜们抓绒剪毛，为山羊进行药浴，经验丰富的牧民可以把控最适合修剪羊毛的时间。这是牧草生长最旺盛的月份，牲畜生长肥壮，不仅出产牛羊肉，而且盛产各种奶制品。秋天牧民们一般会选择坡地、山谷等地作为放牧场地，利用良好的水、草等自然条件，开始选择品种较好的牲畜进行配种、保胎、抓膘，并且将淘汰掉的牲畜宰杀售卖，意味着一个生产年度的结束。到了寒冷、干旱的冬天，牧草枯黄，牧民按照放牧经验，辨别和筛选霜草，避免让怀胎母畜误食发生流产事故。在实行畜牧业联产承包责任制时，牲畜也按照类别进行分类组群，羊450只为一群，骆驼70~90峰为一群。在长期的放牧和生产中，牧民已经研究出了诸多能够与当地自然地理、气候等条件相适应的放牧实践经验，并且形成了脍炙人口的顺口溜，例如"人在前，压住头，一步一步吃着走""一字形、满天星，羊群散开吃得饱；早出晚归定时放、定时饮，勤转场""先阳坡，后阴坡，再到河边把水喝；勤换场，管理好，抓膘保胎成活高"等。

（3）牲畜品种及改良。

肃北县的畜牧业养殖的牲畜以山羊和绵羊为主，占据牲畜总量的95%以上，大口牲畜以马、骆驼和牦牛为主。牲畜的种类、数量与所在的生长环境息息相关，每一种牲畜都有自己喜好的气候、水文以及草场条件。例如，盐池湾、石包城以及鱼儿红乡等地的草原主要是以高山草甸为主，适宜养殖饲养牦牛和绵羊，而别盖乡以及马鬃山镇的草原则是戈壁荒漠草原，适宜养殖骆驼和山羊。一直以来，肃北县的牧民为了提升牲畜的经济效益和生产价值，致力于提高牲畜的质量，十分重视牲畜品种的改良工作，通常会选择健硕、品种优越的公畜进行育种，将体质较差、品种较差的母畜进行宰杀售卖，运用人为干预的方式加快牧群优秀资源的形成和培育。新中国成立以后，肃北县政府加大了牲畜优良品种的培育力度，组织技术专业人员开展调查研究工作，制定适应性强、针对性强的牲畜品种培育计划和方案，为牧民的牲畜育种工作扫除盲区。1956年，随着生物科技技术的进步和发展，自治县引入了人工授精等生物技术，利用杂交方式对牲畜的品种进行改良和优化。

①绵羊改良。

新中国成立初期，肃北县境内的绵羊品种大部分是蒙系粗毛羊以及少量的藏系绵羊。蒙系粗毛羊虽然体格强健，能够适应寒冷干旱的自然环境，但是因为毛色杂、毛发疏粗，带来的经济效益较低，这样的绵羊品种无法满足日益增长的牧民生产和生活需求，因此亟须提高蒙系绵羊的产毛性能。1956年，肃北县率先从新疆引进了10只细毛公羊进行杂交实验。实验结果证明，新疆细毛羊与蒙系粗毛羊自然交配培育的杂交羊种呈现出了个体增大、羊毛增多的优势。在杂交实验给予的信心的基础之上，自治县建设杂交配种站、组建杂交配种队、培养人工授精技术人才。第一代杂交新绵羊成年之后，产毛量达到了5斤到14斤，是原始绵羊产毛量的4倍之多，大大提升了经济效益，也提升了牧民参与改良绵羊品种活动的积极性。到1985年年初，全县改良绵羊品种数量已经高达9.9万只，将近八成的绵羊属于杂交新品种绵羊，经济效益良好。

②山羊改良。

分布在河西走廊一带的河西绒山羊也被称为肃北绒山羊，是经历了肃北艰苦的自然条件而生存下来的优质乳肉兼用的品种，在我国绒山羊品种排名中也位列前茅。河西绒山羊产出的羊绒颜色纯正，油脂、水分等比例适中并富含纤维，享誉省内外的羊绒市场。除此之外，河西绒山羊产出的羊奶营养丰富，为牧民生产加工乳制品提供了优质的原材料。1950年，自治县开始对河西绒山羊进行品种改良和优化。自治县初步尝试引入宁夏中卫沙毛山羊以及瑞士沙能山羊与当地的河西绒山羊母羊进行交配。但是初步尝试的效果不佳，培育的后代的毛质虽佳，但是毛绒量较少，没有达到河西绒山羊改良育种的要求。第二次改良育种的尝试是在 20 世纪 80 年代，自治县先后引入了二郎山白绒山羊、辽宁盖县（现盖州市）绒山羊以及内蒙古阿白绒山羊与肃北县的河西绒山羊母羊进行交配育种。效果十分显著，后代的羊绒质量很高。肃北县被确立为绒山羊出口基地县，专门建设绒山羊基地项目，1992 年迎来了项目验收和羊绒丰收之年，平均个体产羊绒增加 58 克，仅此一个羊绒生产项目就增加了 780元的人均收入，绒山羊的产值占比近一半以上，带来了巨大的经济效益，绒山羊养殖成为肃北县牧区经济的支柱产业。

③骆驼改良。

肃北县是甘肃省骆驼的重要产区。截至 1984 年年底，全省骆驼产量的 1/6来自肃北县，约有 8 400 峰。肃北县的河西双峰驼属于蒙古双峰驼系统，是优良的骆驼品种，主要分布在荒漠、半荒漠草场地形的马鬃山地区。河西双峰驼不仅体格健硕、肌肉发达，而且产毛量高、绒毛纤细且富有弹性，是肃北县重要的出口物资和工业原料。众所周知，骆驼与其他牲畜相比，具有耐旱、耐寒等显著优势，也是荒漠地区的重要交通工具，运输牧民、游客以及物资，因此被称为"沙漠之舟"。由于近亲交配可能会导致骆驼品种减弱，对骆驼改良的策略主要是从内蒙古引入了一批优良公驼。但是 1990 年以后，随着经济的发展和交通工具的引入和发展，牧民们开始使用更加快捷、方便的交通运输工具汽车、摩托车等，因此骆驼的作用逐渐减弱，牧民对骆驼养殖的积极性降低了。直至 2004 年，骆驼养殖量与 1982 年相比，下降了将近 8 000 峰。

④马匹改良。

除羊类和骆驼以外，马匹也是肃北县重要的牲畜种类。肃北马匹隶属于蒙古马系，有体格健硕、吃苦耐劳的优势特征，其绝佳的身体素质极其适宜粗放饲养。经受长期高寒天气的锤炼，肃北马匹虽个体矮小但品质优良。马匹品种的改良与骆驼品种改良类似，都是基于减少近亲交配的原因引入了卡巴金马、卡拉巴依马和奥尔洛夫马 3 种良种公马与当地蒙古马进行杂交改良。如今的肃北马体格高大威猛、品种也更加优良，在 20 世纪 80 年代与骆驼共同成为牧民最主要的交通工具。同样在 21 世纪的今天，肃北马也与骆驼面临了同样的结局：快捷方便的汽车、摩托车等现代化的交通工具逐渐取代了马匹的位置，牧民对饲养马匹的积极性和热情度降低了。2004 年，全县马匹存栏已不足 1 800匹，仅为 1976 年马匹数量的 1/5。

⑤牦牛选育。

由于肃北县牧民长期与藏族牧民比邻放牧和生活，而且蒙古族牧民也多在高寒草原地带进行放牧，他们因此也逐渐建立了饲养牦牛的习性。新中国成立初期，牧民由高寒草原回到农区生活之后，牦牛不能适应夏季湿热的气候，导致大批量的生病、死亡。新中国成立以后，政府对自治县给予了贷款救济政策，从西藏、青海等雪山高原地区购入了一批耐寒能力强、能够粗放饲养的牦牛。这些牦牛还具有肉质鲜美、高蛋白低脂肪的优质特征，作为绿色天然食品赚取了大量的市场份额。牦牛价值高，但是饲养环境十分恶劣，饲养周期也十分漫长，给牧民饲养带来了严峻的考验，10 年以来牦牛产出量也呈现了逐年减少的趋势。

（4）牲畜的疫病防治。

牲畜在正常生命周期内患病尤其是威胁生命、具有传染性质的疫病，将会直接大批量死亡，对畜牧业的稳定发展的杀伤力也不可预估。因此，对牲畜进行有效、科学的疫病预防和治疗是畜牧业发展的重要工作内容之一。在新中国成立之前，在肃北县境内牧区流行着众多牲畜疫病，例如羊痘、羊疥癣、布氏杆菌、炭疽、羊快疫、羔羊痢疾、马鼻疽、口蹄疫、破伤风、骆驼脓肿等。当地的蒙古族牧民依赖放牧经验，采用"土方法"对牲畜疫病进行预防和治疗，但是医疗条件落后、缺乏专业的医疗技术手段，难以应对突发性的牲畜传染类疾病，导致疫病失去控制，造成大批量的牲畜死亡，给牧民带来了巨大的经济损失。新中国成立以来，党和政府十分重视牲畜的疫病防治工作。1955 年，在自治县境内建立牲畜兽医站，增派专业的兽医技术人员，构建了由县级、乡级、村级组成的三级牲畜疫病防治系统，对控制牲畜疫病的发生和蔓延起到了明显的成效。

进入 21 世纪以来，自治县畜牧兽医工作以牲畜 5 号病防治为重点，把集中免疫作为确保畜牧业安全生产的关键环节来抓，全力落实责任制和各项防控措施。县上每年都调进 40 万毫升牛羊口蹄疫苗，10 万余毫升羊四防苗以及羊痘、炭疽疫苗，统一抽调县乡专业人员组成免疫专业队，深入村、户，采取"定人员、定任务、定密度、定质量"的办法，全面开展免疫注射工作。

草原是牲畜赖以生存的环境，对草原进行保护和建设，对保障畜牧业的稳定发展具有重要的意义。1953 年 3 月，自治区人民代表大会围绕现有的草原矛盾和纠纷开展了专题讨论会议，为了凝聚各民族的关系、促进牧区的经济稳定发展，充分考虑草原利用的具体情况，制定了一系列的草原管理办法和草原放牧制度，并且以草原管理委员会的名义对各乡镇的放牧草原区域进行了明确的划分和管理。本着可持续发展的原则，自治县大力号召保护草原植被资源，明令禁止牧民燃烧草原枯草，同时采取和落实了燃煤补贴政策，鼓励牧民用液化气或者煤代替牧草作为取暖燃料，有效控制了破坏牧草资源的不良现象。

### 4.1.1.2 农业

（1）农业的发展。

肃北县虽然地处马鬃山干旱戈壁地区和祁连山麓高寒干旱地区，但是某些地区气候温和，并且地表径流丰富、土壤肥沃，非常适合农耕作物的生长。例如在北山地区的垒墩泉、长流水等地，以及南山地区的党城湾、石包城等地，共有可适宜耕种的土地面积 20 多万亩（1 亩≈666.67 平方米，下同），现已在南山地区的石包城乡和党城湾镇开垦了将近 1.5 万亩的土地。由此可见，肃北县境内的耕地开垦率相对较低。耕地开垦的第一条件就是充足的水源，现已开垦的石包城乡的耕地便是位于榆林河发源地，党城湾镇的耕地则是临近党河中游。这些耕地主要种植农作物以及牲畜饲草等。

肃北县的农业发展历史悠久，根据史书记载，在两汉时期，此地就辟有田畴；十六国时期，李篙在党河中游安置了许多来自中州等地的移民，并且在别盖乡一带开垦耕地；清朝末年至民国初期，嘉峪关外各县的农民在马鬃山山谷平原地区以及榆林河、疏勒河的冲积洼地开辟耕地，开始种植农耕作物。在 1940 年之后十年的兵荒马乱中，耕地遭到了严重破坏。1953 年，肃北县在党城湾建立政府机关后，分配给一百多户没有牲畜的牧民多处荒地，让牧民开始从事耕作农业。

自治县政府为了扶持牧民发展农业，采取了一系列利民的"三农"政策。蒙古族中有曾经在党河冲积洼地从事过农作物生产的农民，因此积累了许多农耕经验。1954 年，自治县迎来了农业第一个丰收年，但由于畜牧业的经济效益大于农业的经济效益，一部分从事农业生产的农民开始转向从事畜牧业生产和经营，因此出现了农业生产力不足的问题。自治县政府在甘肃省政府的支持和安排下，从河南、武威等地引入农民，继续发展肃北县境内的农业生产。1965 年，肃北全县粮食产量达到了 72 万千克，油料产量达到了 1 350 千克，并且向国家上缴公购粮，为国家粮食的补给做出了重要的贡献。

改革开放以来，农业生产实行家庭联产承包责任制，改变了农业集体经济、平均主义的局面，农民发展农业生产，自产自销自盈利，大大提升了农民生产种植的积极性，从事农业生产的人口、耕地开垦率、粮食产量、油料产量都实现了大幅增长，粮食和油料不仅能满足当地居民生活和生产需求，还能调往邻近县区进行贸易活动。

（2）主要农作物。

肃北县属于北方冷凉灌区，主要适合种植的农作物、蔬菜以及果树种类如表 4.1 所示。

表 4.1　肃北县主要农作物、蔬菜及果树

| 农作物 | 蔬菜 | 果树 |
|---|---|---|
| 小麦、蚕豆、胡麻、马铃薯、大麦、青稞、玉米、洋芋 | 西瓜、萝卜、白菜、茄子、辣椒、西红柿、大葱、韭菜、葫芦 | 苹果树、梨树、桃树、杏树 |

肃北县的粮食作物主要包括春小麦和蚕豆，经济作物主要是胡麻，1995年肃北县各类农作物播种面积如表 4.2 所示。2015—2016 年肃北县主要农产品产量如表 4.3 所示。

表 4.2　1995 年肃北县农作物播种面积

| 农作物类型 | 播种面积/亩 | 自然条件 |
|---|---|---|
| 小麦 | 6 391 | 气候适宜、便于灌溉 |
| 蚕豆 | 1 090 | 气候适宜、便于灌溉 |
| 胡麻 | 1 883 | 沙土地、气候凉、日照时间长 |

表 4.3　2015—2016 年肃北县主要农产品产量

| 种类 | 2015 年 | 2016 年 | 同比增长/% |
|---|---|---|---|
| 粮食/吨 | 5 485 | 4 529 | −17.43 |
| 夏粮/吨 | 3 082 | 3 179 | 3.15 |
| 秋粮/吨 | 2 403 | 1 350 | −43.8 |
| 油料/吨 | 370 | 380 | 2.7 |
| 豆类/吨 | 151 | 136 | −9.81 |
| 薯类/吨 | 1 944 | 900 | −53.7 |
| 水果/吨 | 23 | 27 | 17.39 |
| 蔬菜/吨 | 782 | 827 | 5.75 |

（3）农耕技术。

20 世纪 90 年代后，肃北县不断引入农作物新生产技术，不断尝试和改良农作物品种、改进作物轮作倒茬方式，坚持合理密植作业，提高农业产量和质量。除此之外，自治县还注重消灭耕地杂草和虫害，在长期的农耕作业中总结

出了一系列有效的防治杂草的耕作经验，运用农药杀除病害和轮作倒茬结合的方式，大大提升了除草效果，有效提升了农作物的产量和经济效益。

（4）农机作业。

农业生产离不开劳动力和生产力。在农业建设初期，主要依靠人力和畜力作为生产工具进行农业生产，并沿着地势开垦土地，由于生产工具的局限性，存在耕地地块小、不平整等现象，耕作效果较差。1950—1970 年，自治县政府多次拨款帮助农民购买新型农具，逐渐提升了农业生产机械化的水平。目前，农业生产从播种到收割，已经完全普及机械化，大型车辆、机器完全代替牲畜和人工，大大提升了农业生产效率，提高了农业生产总值。

2004 年，肃北县种植的农作物类型、播种面积以及产量如表 4.4 所示。

**表 4.4　2004 年肃北县农作物类型、播种面积及产量**

| 农作物类型 | 播种面积/亩 | 产量/吨 |
| --- | --- | --- |
| 小麦 | 3 766 | 1 785 |
| 玉米 | 975 | 5 690 |
| 蚕豆 | 557 | 205 |
| 洋芋 | 1 789 | 1 405 |
| 胡麻 | 1 653 | 282 |

种植业总产值达到了 1 000 万元，党城乡农民人均纯收入将近 4 000 元。

### 4.1.1.3　林业

肃北县虽地处高寒山区，但是拥有丰富的耐寒、耐旱的林木资源，在荒漠地区生长着成片的梭梭和怪柳等耐旱林木，以及乔木、灌木层等林木。但是，从明末清初到新中国成立初期，肃北县境内的林木资源遭到了毁灭性的破坏，除几条河流的沟谷中还覆盖着少量的天然灌木林以外，其他地方几乎全部为秃岭荒山。为了保护肃北县的生态环境，自治县在党和国家的"植树造林、保护家园"等政策的号召下，开始开展居民义务植树的活动，并且通过成立森林资源管理机构来统一加强对林木资源的管理和保护，最为典型的就是 1978 年的"三北"防护林生态建设工程、自然保护区建设工程、退耕还林工程以及国家重点生态公益林建设工程。截至 2004 年年底，肃北县全县境内的林地总面积已经达到了 10.97 万亩，林木资源种类丰富多样，形成了旅游景观，在带来生态效益的同时也带来了巨大的经济效益。

### 4.1.2 工业

#### 4.1.2.1 工业的发展

新中国成立之前,肃北县的工业化和机械化生产还未起步,没有一家生产企业是运用电力或者机器进行生产、加工和作业的;只有几户家庭手工作坊借助简单的手工器械辅助加工生产蒙古包、毛毡,打制铁器、银器等金属器具或者提炼配制火药、硫黄以及铅锌等化学药品。这便是肃北县工业生产的雏形。

肃北县人民政权成立以后,为了提高居民生活水平,加快工业化生产的速度,县政府在甘肃省政府的扶持下兴办了一系列简单的具有地方特色的加工企业。具体的工业发展历程如表4.5所示。

**表 4.5 肃北县工业发展历程**

| 时间 | 工业发展历程 |
|------|------|
| 1954 年 | 兴办铁工小组,生产马掌、铁锹等工具 |
| 1958 年 | 兴办牧农工具制配厂、砖灰厂、骨肥厂、皮毛和面粉加工厂、被服厂以及铁矿、铅锌矿、硫黄矿等小型采矿企业 |
| 1964 年 | 合并工厂,有工人80多名,根据肃北县当时的生产力及资源情况,确定以皮毛加工为中心,辅以铁工,生产皮鞋、皮衣、毛毡、羊毛剪、酥油桶、饭桌、案板等牧农业生产工具和农牧民生活用品 |
| 1970 年 | 随着技术力量的增强和生产的发展,自治县地方工矿业生产进入了一个新的发展阶段;社办企业发展迅速,产值不断上升,开始了由单一牧业经济向多种经济发展的转变。1970 年,在原综合加工厂的基础上,分别成立了民族用品加工厂和牧农机具修造厂。同年成立了面粉加工厂,制粉、制桦油,配合饲料加工及挂面生产 |
| 1975 年 | 马鬃山红尖兵钨矿、盐池湾重晶石矿和牛圈子煤矿开采业起步 |
| 1980 年 | 全县有工业企业 19 个,其中全民所有制企业 5 个,社办集体企业 14 个。工业总产值 164.24 万元,其中全民所有制工业 52.03 万元,集体所有制工业 112.21 万元 |
| 1985 年 | 全县工业总产值达到 598.85 万元,占到了工农业总产值的 52.8%,第一次超过牧农业总产值,改变了自治县长期以来牧农业为主的经济结构 |
| 1990 年 | 全县工业企业达到 49 家。其中国有企业 10 家,乡镇村办集体企业 34 家,农村城镇个体工业 5 家。这一时期建立的主要企业有:公婆泉铜矿、大洪山锰矿、大拉排电站和乡、镇、村兴办的一批包括石包城黑峡口锰矿、鱼儿红煤矿、别盖铁矿在内的 20 多家小矿山企业、3 家电力企业、4 家综合加工企业以及砖瓦厂、石灰厂等。全县工业总产值为 2 515.10 万元,比 1980 年增长了 14.3 倍。其中国有工业总产值为 1 130.14 万元,集体工业总产值为 1 338.96 万元 |

表4.5(续)

| 时间 | 工业发展历程 |
|------|------|
| 1995 年 | 立足自身优势,从实际出发,扬长避短,发挥优势,坚持深化改革,扩大开放,走具有肃北特色的强县富民之路,大力开发矿业,大办地方工业,初步形成了以黄金、铬、铜、煤、耐材为支柱的采、选、冶一体的地方工业体系。这一时期建立了小西弓金矿、鹰咀山金矿、南金山金矿、金鑫金矿、国有金庙沟煤矿以及铬业公司、耐火材料厂等一批国有或与省内外客商联办的骨干企业 |
| 1996 年 | 全县工业企业总数达到了 120 家。其中国有企业 13 家,乡镇村办的集体企业 99 家。自治县按照国家的要求,对一些效益差、资源浪费严重的企业进行关停整合,对机关办实体进行整顿,鼓励发展个体经济和股份制经济,对金庙沟、音凹峡煤矿区进行整顿,并按照国家的宏观调控政策实施了并井压产。按照限小扶大的要求促进了牛圈子煤矿区的强强联手,组建了牛圈子煤炭集团公司和金庙沟矿区煤炭集团公司 |
| 2000 年 | 全县工业企业经过整合压缩到了 59 家,其中国有企业减少到 4 家,集体企业减少到 17 家,个体工业企业由 8 家增加到 31 家,股份制公司从 1998 年开始建立到 2000 年达到了 7 家。企业整合重组推动了工业经济的更快发展。2000 年,全县工业总产值达到 17 710 万元,比 1990 年增长 6.04 倍,其中集体工业总产值由 1 338.96 万元上升到 4 068 万元,增长 2.04 倍,占到了整个工业总产值的 22.97%;个体工业总产值由 46.56 万元上升到 2 089 万元,增长 43.8 倍,占到了全县工业总产值的 11.8%;股份制公司产值达到 10 844 万元,占到了 61.2%;国有工业总产值 709 万元,占 4%。主要工业产品产量都有了较大幅度的增长,生产原煤 16.4 万吨,铁矿石 8.82 万吨,铬矿石 1.85 万吨,耐火材料 0.165 7 万吨,黄金 823 千克,发电 2 125 万千瓦时 |
| 2004 年 | 全县有工业企业 81 家,其中,集体工业 19 家,股份制企业 17 家,私营企业 30 家,个体企业 13 家,其他 2 家。工业企业从业人数 1 682 人,其中集体工业 419 人,股份制企业 720 人,私营企业 340 人,个体企业 110 人,其他 93 人。完成工业总产值 37 788 万元,工业总产值在工农业总产值中的比重达到 90.35%。其中集体工业 5 950 万元,股份制 20 010 万元,私营企业 7 456 万元,个体企业 2 328 万元,其他 2 044 万元。实现工业增加值 11 188 万元,规模以上工业企业 8 324 万元。规模以上企业达到 27 家,其中年销售收入 500 万元以上的 11 家。全县经济以工业为支柱,工业以矿山开发和水电开发为主的框架已经形成,为自治县今后一个较长时期的发展奠定了坚实的基础 |

表4.5(续)

| 时间 | 工业发展历程 |
|------|------|
| 2020 年 | 全县立足矿产资源优势,大力发展特色工业,走科技含量高、经济效益好、资源消耗低、环境污染少的新型工业化道路,变资源优势为产业优势<br>肃北博伦矿业公司钒矿开采工程投资1亿元,5月试生产,该年计划采矿12万吨,生产偏钒酸铵500吨,新增产值5 000万元。公司成立以来累计实现产值61.08亿元,为国家和地方上缴税费16.29亿元。公司继续挖潜改造,实施钒矿开采及三化改造项目,扩大生产规模,开发新产品<br>全县积极推进工业转型升级,加快培育小升规企业。亚峰矿业、金源泉矿业等一批企业顺利达标入规,全县已发展规模以上企业15家<br>在中央、省级生态环保督察反馈问题整改中,肃北县帮助企业开展技术改造,推动产品更新换代,引进科技含量和附加值高的项目,使老企业焕发青春和活力。同时,抢抓新能源产业发展的重大机遇,扩大风电总量,增加光电规模,大力发展新型清洁能源产业。凯富45万吨原煤生产、镁弘科技10万吨高活性氧化镁技改、山东鲁能20万千瓦风电、中节能10万千瓦风电等一大批招商引资项目相继落户,顺利开工建设,推动肃北县工业经济驶向发展快车道 |

### 4.1.2.2 矿山工业

肃北县境内矿产资源十分丰富,所以矿山工业也是肃北县重要的工业产业,其发展历程如表4.6所示。

**表4.6 肃北县矿山工业发展历程**

| 时间 | 矿山工业发展历程 |
|------|------|
| 1958 年 | 全县生产铁矿石2 500吨,焦煤6吨,原煤8吨。但是那时的开发只能是人工采挖,远不是真正意义上的矿山工业,这也是自治县对矿山进行开发利用的开端 |
| 1970 年 | 有关部门组织了对肃北县铬矿的开采,当年的铬矿石产量为120吨,第二年达到5 479吨,这是自治县采掘业的开端 |
| 1985 年 | 全县的地方工业发展以矿山采掘为主,且以区乡集体所有制的形式为主。据统计,1985年自治县的矿山企业有22家,从业人员700多人。其中国有企业1家,县办企业2家,乡办集体企业19家。开采的矿种有煤、铬、锰、重晶石以及芒硝、石灰石 |
| 1990 年 | 全县采掘业总产值2 134.25万元,占到了全县工业总产值的84.8% |
| 1995 年 | 自治县采掘业在前期"有水快流"指导思想下一哄而上、遍地开花,造成了部分资源浪费、破坏严重和低效益之后,又在后期经过重新整顿之后步入了健康发展的轨道。矿山工业开始按照市场经济规律组织生产 |

表4.6(续)

| 时间 | 矿山工业发展历程 |
|---|---|
| 2000 年 | 矿山工业主要产品中，原煤产量由最高年份（1995 年）的 50.52 万吨下降到 16.4 万吨，铁矿石由最高年份（1997 年）的 18.7 万吨下降到 8.82 万吨，铜矿石由最高年份（1997 年）的 3 万吨下降到 2 万吨，锰矿石由最高年份（1997 年）的 3.96 万吨下降到 0.65 万吨，铬矿石由最高年份（1997 年）的 2.43 万吨下降到 1.85 万吨，黄金产量从 1996 年的 10.50 千克增长到 823 千克。矿山工业实现总产值 6 630 万元，比 1990 年增长了 2.1 倍 |
| 2004 年 | 自治县不断优化招商引资环境，创新工作方式，瞄准大公司、大企业，推出了一批好的资源和项目，以优惠的政策先后引进了长城实业公司、汇友公司、四川乐山天行投资公司等一批实力强、知名度高的企业。投资 1 600 万元，建成了吐鲁煤矿 3 个露天采煤场，生产原煤 20 万吨；投资 1 000 万元，建成了长流水铁选厂并投入生产；投资 900 万元进行了公婆泉铜矿综合开发项目，生产铜精粉 1 万吨；投资 1 600 万元建成了日处理 500 吨矿石的大道尔吉铬选厂。自治县的矿山工业展示了美好的发展前景<br>全县生产黄金 1 390 千克，原煤 28.89 万吨，铁精粉 12.56 万吨，铬精粉 9 600 吨，铅锌矿石 0.53 万吨，锰矿石 18 352 万吨 |

### 4.1.2.3 电力工业

1966 年肃北县投产运营的"十一"电站是肃北县的第一家电力工业企业，也是肃北蒙古族电力工业发展的开端，从此之后肃北县陆陆续续兴建了多个发电站，其发展历程如表 4.7 所示。

**表 4.7 肃北县电力工业发展历程**

| 时间 | 电力工业发展历程 |
|---|---|
| 1966 年 | 10 月 1 日投产发电的"十一"电站是自治县第一家电力工业企业。该电站是由自治县自筹资金、在自治县县府所在地党城湾的党河中游建立的第一座电站。装机容量 220 千瓦，年发电量 47 万千瓦时，有架空输电线路 2 000 米，为县城和当时的党城公社部分农民提供照明。"十一"电站的建成，开创了自治县水能发电的历史，由此开始有了工业和农业用电 |
| 1976 年 | 建立了石包城水电站、桥头子水电站和马鬃山、盐池湾、鱼儿红 3 座火力发电站。这些电站是依自然区划形式独立的供电系统，总装机容量 298 千瓦，年均发电 45 万千瓦时，供电线路总长 31.9 千米，使县城及党城乡、别盖乡、盐池湾乡、石包城乡、鱼儿红乡、马鬃山区均有了照明用电，党城地区、石包城地区有了农业和工业用电 |
| 1984 年 | 大拉排电站是党河上的第二座、自治县的第四座水电站，装机容量 2 400 千瓦。大拉排电站投产运行后，当年发电量 139.69 万千瓦时，除供本县使用外，开始为邻近的敦煌、阿克塞供应电力 |

表4.7(续)

| 时间 | 电力工业发展历程 |
|------|------|
| 1985 年 | 全县电力总装机容量 2 698 千瓦，年均发电量 146.9 万千瓦时 |
| 1986 年 | 开始在牧区向牧户推广风力发电机和太阳能硅电板及太阳能灯具，牧区千百年来的游牧生活开始进入电气时代。当年就在全县推广风力发电机 248 套，微型汽油发电机 85 台，太阳能硅电板 44 台，投资达 35.5 万元。315 户牧民的蒙古包里亮起了电灯，占到了全县牧民总数（632 户）的 49.8% |
| 1996 年 | 全县累计推广风能、太阳能发电机 545 套。县科委因此受到农业农村部嘉奖。经济发展对电力的需求急剧增加，包括电力建设在内的基础设施建设受到了国家的重视，推动了自治县电力事业的快速发展。在国家的大力支持下，实施了农村电气化县建设项目，先后建成了拉排二级电站、三级电站和党城水电站，对拉排一级电站进行了扩容改造，在金庙沟煤矿区建成了装机容量 1 500 千瓦的火力发电站，在马鬃山镇、盐池湾乡分别建设了 300 千伏安和 16 千伏安的风光能互补电站，进行了党城地区、石包城地区农电线路改造和县城电网改造，在县城新建了 35 千伏安变电站，疏通了石包城、鱼儿红西乡和鹰咀山金矿的大电网。2001—2004 年，自治县电气化建设累计完成投资 9 520.42 万元 |
| 2004 年 | 自治县境内已建成水电站 5 座，火力发电站 1 座，总装机容量 9 600 万千瓦。有 35 千伏安、10 千伏安变电站各 1 所，供电线路 233 千米，年发电量 3 542 万千瓦时。电力建设的发展为自治县经济发展提供了可靠的电力能源保障，县、乡、镇及部分重点矿区电力不足的问题得到有效解决，电力瓶颈问题得到缓解。2004 年，全县总用电量 1 200 万千瓦时，人均年用电量 1 005 千瓦时。全县工业用电量 465 万千瓦时，比 2000 年增长 2.55 倍；农业用电量 192.4 万千瓦时，增长 2.54 倍。全县村通电率达到 100%，4 530 户中已通电 4 413 户，户通电率 97.42% |

### 4.1.2.4 加工制造业

1954 年，肃北县成立了铁工小组，这便是自治县加工制造业的开端，此后的加工制造业的发展历程如表 4.8 所示。

**表 4.8 肃北县加工制造业发展历程**

| 时间 | 加工制造业发展历程 |
|------|------|
| 1954 年 | 成立铁工小组 |
| 1960 年 | 围绕自治县自身的农、畜产品加工和为农牧业生产生活服务而发展加工制造业，全县仅一家加工皮革、生产简单农具的综合加工厂 |

| 时间 | 加工制造业发展历程 |
|------|------|
| 1970 年 | 在综合加工厂的基础上分别设立了民族用品加工厂和牧农机具制造厂。分别进行皮毛制品的加工生产、汽车拖拉机修理、小型农机具加工制造。皮革、毛制品生产使用动力弹毛、机械鞘毡、机器铲皮等半机械化生产方式 |
| 1975 年 | 国家给农机修造厂调拨了几台当时比较先进的铣床、刨床、车床等机械加工设备，使自治县机械加工制造业的装备水平大大提高。从此，自治县可以生产车轴，加工汽车、拖拉机以及牧农机具零配件，并生产播种机等小型铁制农具 |
| 1985 年 | 民族用品加工厂引进羊剪绒皮生产工艺和洗净毛、山羊拔毛生产技术，使自治县皮毛加工迈上了新的台阶 |
| 1986 年 | 生产羊剪绒皮 18 434 平方尺。生产洗净毛 1 290 吨。畜产品加工产值达到 287.29 万元。在计划经济条件下，牧农机具制造厂和民族用品加工厂的广大干部工人克服困难，努力生产，为自治县的经济发展和方便人民生活做出了重要贡献。生产糕点饼干等 16 吨，酱油、醋 69 吨，年产值达到 9.26 万元 |
| 1970 年 | 成立的面粉加工厂以自治县农业社队生产的小麦、胡麻为原料，从事制粉、桦油，加工生产饲料及挂面等制品 |
| 1990 年 | 全县生产铁制小农具 635 件，牧农机制造厂工业生产值达到 50.48 万元 |
| 1995 年 | 农机修造厂开始生产牧业用的网围栏，坚持到 20 世纪 90 年代后期，曾一度中断生产。由于草原围栏面积逐年扩大而一直正常生产至今，成为自治县机械加工制造业硕果仅存的加工制造工业企业 |
| 2004 年 | 党城酒厂是以自治县当地所产粮食为原料的食品加工企业。建厂 5 年来先后研制生产了"党河春"系列白酒、野生黑刺果酒、茸血养生酒、雪山雄龙保健液等产品，深受市场欢迎 |

#### 4.1.2.5　民族传统工业

肃北县的民族传统工业都是围绕畜牧业以及丰富的矿产资源展开的，主要包括皮毛加工业、毛类制品加工业、奶制品加工业、木制品加工业、银制品加工业以及铁制品加工业。

（1）皮毛加工。

无论是肃北县的蒙古族人民，还是我国其他地区的蒙古族人民，都有着几千年的皮毛加工的民族传统。这主要与蒙古族悠久的畜牧历史紧密相关。蒙古族人民用勤劳的双手将牲畜的皮毛加工生产为具有蒙古族民族特色的毛坯衣服、装饰品，体现了蒙古族的传统文化。

肃北县牧民将绵羊、山羊等牲畜的毛皮以及其他牲畜的兽皮加工、缝制为长袍、短袄、皮裤、皮被、皮褥以及帽子等。随着机械化和工业化生产水平的提升，皮毛加工生产企业也逐渐引入了铲削、鞣制等半机械化的加工工具，大大提升了生产效率。随着当地人民环保意识的提升，人们开始运用人造皮毛代替兽皮来加工制作皮革制品，近几年来，皮毛民族传统企业已经逐年消失。

（2）毛类制品加工。

在蒙古族的民族传统工业中，毛类制品加工业一直占有一席之地，蒙古族的生产和生活都离不开毛类制品。将牲畜的毛加工成精致的绳索和毛线和褐子、毛毡等毛类制品，极具蒙古族民族特色。蒙古族牧民在牧区放牧的同时，将手工作业和半机械化加工相结合，将牲畜的毛搓捻、加工为绳索、毛线等毛类制品，而大件毛类制品的加工则借助骆驼、马匹等畜力。与皮毛加工企业一样，由于不符合环保绿色的理念，牧民逐渐用人造毛代替牲畜毛来加工制造毛类制品，如今肃北县境内已没有传统的毛类制品加工企业。

（3）乳制品加工。

众所周知，人们日常生活所需的奶粉、奶酪、奶酒等都来源于牲畜的奶。上文已经提到，肃北县畜牧业发展良好，通过品种改良，饲养着山羊、绵羊、骆驼、牦牛等牲畜，这些牲畜的奶则是加工乳制品的重要原料，在肃北县，牧民依靠手工挤奶，并加工制作成奶皮、酸奶、纯奶、酥油、奶酪、奶酒等营养价值极高的乳制品。但由于贸易商业发展相对缓慢，牧民依靠手工传统工艺加工制作产出的乳制品产量较低，只能满足当地人的需求，商品率较低，因此所带来的经济效益微乎其微。直至2004年，肃北县仍旧没有正式的乳制品加工企业。由于乳制品需要保鲜、运输，运输、保鲜技术的落后也是乳制品加工工业发展缓慢的原因之一。2010年起，肃北县陆续出现了以玛拉沁乳业科技为代表的乳制品加工企业，肃北县的乳制品民族传统工业开始发展壮大。

（4）木制品加工。

肃北县的居民勤劳能干、心灵手巧，木匠的手艺远近闻名，木制品加工业也是肃北县民族传统工业之一。肃北县蒙古族制作木工制品主要服务于畜牧业和农业生产以及日常生活，例如手工加工制作蒙古包木架、奶桶、水桶、木制房杆、木制房墙及房顶等木制品，但是随着机械化生产的普及，手工木匠手艺逐渐消失，今天肃北县已经无法再找寻到传统的木制品加工门店。

（5）银制品加工。

如果深入了解蒙古族的传统服饰文化，不难发现无论男女老少，都喜欢佩戴银饰，包括头饰、首饰以及服饰挂件。在青藏高寒地带的传统蒙古族部落的居民表现出了对银制品的情有独钟，在肃北县人民政权成立以后，肃北县涌现出了一批手工银匠，他们可以加工制作银质耳环和戒指、头饰等，形成了肃北县内一道亮丽的风景线。

（6）铁制品加工。

从严格意义上来讲，铁制品加工工业并不属于蒙古族的传统加工工业，因为在 1925 年之前，肃北县没有蒙古族铁匠工艺和打铁工匠，蒙古族人所用的铁艺品都来源于农业区的汉族人民。1930 年之后，蒙汉两族人民来往交流愈发密切，善于学习且心灵手巧的蒙古族人开始向汉族人学习打铁工艺，研究制铁工匠技术，并且加工制作了具有蒙古族特色且能用于生产生活的铁制用品，例如套狼夹子、拴狗铁链、马蹄铁掌。由于肃北县内铁资源丰富，再加上铁制品坚固牢靠且成本较低，铁制品受到了蒙古族人的热烈追捧。但是，随着机械化和工业化的发展，传统的民族铁制品加工企业也逐年减少。目前看来，仅剩铁工加工个体户在加工制作简易的铁制品，来满足牧民生产和生活所需。

### 4.1.3 服务业

#### 4.1.3.1 贸易商业

（1）民族贸易。

从古至今，敦煌一直都是河西走廊一带的贸易中心之一，肃北县产出的各种农业产品、畜牧业产品以及传统工业产品大多在敦煌出售。新中国成立之前，来自敦煌、安西等地的商贩来肃北进行贸易活动，低价购入高价售出，并且利用不公平手段对蒙古族牧民进行剥削，给蒙古族人民带来了经济损失，也破坏了蒙汉两族人民的友好关系。随着肃北县人民政权的成立，肃北县民族贸易发展逐渐好转。具体的民族贸易发展历程如表 4.9 所示。

表 4.9　肃北县民族贸易发展历程

| 时间 | 民族贸易发展历程 |
|---|---|
| 1952 年 | 自治县人民政府限制了行商的活动，支持牧民集资筹办供销合作社，积极组织民族贸易，以合理价格供给牧民所需的生产和生活资料。人民政府的供销系统每收购 50 千克羊毛，付给牧民面粉 200 千克或布料 175 尺。与之前相比，羊毛价格提高 4 倍至 8 倍之多。一个 6 口之家用 14 只羊可以换回全年所需的生活日用品，而新中国成立前则需用 117 只羊才能换回。自治县成立后成立了供销合作社筹备处，3 月召开了首届合作社社员代表会议，成立了自治县供销合作社 |
| 1955 年 | 供销合作社除在县城党城湾设立百货门市部和土畜产品收购部外，还成立了 2 个流动供货小组，在辽阔的草原上定期流动 |

表4.9(续)

| 时间 | 民族贸易发展历程 |
|------|------|
| 1957年 | 商业部门在一些牧业大队设立代购代销点,以补充牧区商业网点的不足。"双代店"的房屋和流动供货的马匹、骆驼由大队解决,人员由大队选派,经营的商品由商业部门调给。人员工资由商业部门按购销额的2.5%~3%的比例付给,或在之后由大队评记工分 |
| 1958年 | 经上级批准成立了肃北民族贸易公司,加大了对少数民族特需商品的供应,进一步丰富了牧区市场,满足了牧民的需要。规定对收购主要农畜产品、销售主要工业品实行价格保护 |
| 1963年 | 明确了对包括肃北在内的13个少数民族边远牧区县和民族贸易企业实行自有资金、利润留成、价格补贴的"三项照顾"的政策,对恢复和发展民族地区的生产、商品流通,稳定市场,改善人民生活发挥了重要作用 |
| 1974年 | 建立了肃北县医药公司。1978年、1979年先后从民贸公司分设成立了燃料公司和食品公司,建立了物资供应站。全县共有物资、民贸、燃料、医药、食品5个商业公司,61个购销点,从业人员236名,年销售额500多万元。其中国有基层商店4个,各乡商店和门市部28个。另外,还有3个集体商店,8个代销店,16户个体商户,为城乡居民服务 |
| 1983年 | 商业系统各公司商店和门市部先后推行了以承包为中心的经营责任制,调动了职工的积极性,服务态度和服务质量有明显好转,经济效益显著提高。燃料公司1983年计划亏损60 000元,实行责任制后,调剂了商品品种,扭亏为盈,当年实现利润51 400元。自治县民族贸易公司从省内外组织价值30多万元的货物,新增花色品种350多种,并增设了民族用品门市部、糖烟酒门市部和调味品门市部,开设了一些沿街小百货店。民族贸易出现了购销两旺的新景象 |
| 1985年 | 随着国民经济的全面恢复发展和人民生活水平的不断提高,城乡群众对商品的要求越来越高。要求供应的商品从20世纪六七十年代的手表、自行车、缝纫机"三大件"发展到电视机、洗衣机、收录机等高档用品。牧农村需要出售的农副产品的数量、品种也日益增多。为了适应这一新的形势,自治县实行了以国营商业为主导的多种经济形式、多种经营方式、多种流通渠道并存的商品流通体制,改变了国营商业独家经营和流通渠道单一化的状况,自治县的商贸流通呈现出色彩缤纷、欣欣向荣的景象 |
| 1990年 | 全县社会商品零售额达到1 176.89万元,比1985年增长84%。其中:全民所有制企业783.33万元,集体所有制企业36.86万元。这一时期增长幅度最大的是个体商业。1985年,全县个体商业社会商品零售额为42.20万元,1990年达到189.00万元,5年增长了3.48倍。个体商业户由44家增长到了57家,从业人员也由51人增加到80人,明显高于全民所有制商业和集体所有制商业的增长速度 |

表4.9(续)

| 时间 | 民族贸易发展历程 |
|------|------|
| 1994 年 | 在商业企业实行国有民营改革,给一度经营不景气、亏损严重的国有商业企业注入了新的活力。当年,全县 3 家企业的 19 个门店实行国有民营,占商业企业门店总数的 29.2%。与此同时,商贸流通领域中的个体、私营经济在这一时期也保持了急剧增长的势头,有力地促进了自治县的商业繁荣 |
| 1995 年 | 全县商业零售网点由 1990 年的 90 个增加到 174 个,增长了 93.3%;其中个体经营网点由 57 个增加到 134 个,增长了 1.35 倍。全县零售贸易从业人数由 1990 年的 192 人增加到 338 人,增长 76%,其中个体经济从业人员由 80 人增加到 174 人,增长了 1.17 倍。20 世纪 90 年代后期,在扩大内需等一系列政策的刺激下,一度需求不旺的消费品市场开始回暖,特别是牧农村消费增长显著,餐饮业娱乐逐渐火爆,个体商业和市场贸易成为商业市场发展的主力军 |
| 2000 年 | 全县社会商品零售总额为 3 203.70 万元,比 1990 年增长 1.72 倍。其中:国有经济部分增长了 14.7%,集体经济部分下降了 62%,仅为 14.00 万元。个体经济部分达到 1 929.90 万元,10 年增长了 10.2 倍,占到全县总额的 60.2%,比 1990 年的 16% 提高了 44 个百分点。登记注册的个体商户(含餐饮业)达到 317 家,从业人员达到 374 人,注册资金达到 340 万元。成为自治县商贸流通经济特别是个体商业贸流通经济发展最快的历史时期 |
| 2004 年 | 肃北县经济持续、快速增长,城乡居民收入不断增加,刺激了消费观念的转变和消费欲望的增强,消费品市场更加繁荣活跃,消费市场开始向规模化方向发展,城乡小规模超市开始出现,敦煌等地的连锁店开始在肃北县办起了分店。消费购物的环境得到优化。除烟草、食盐等国家专营物资外,糖酒、小食品、小百货等商品的批发供货渠道更加畅通便捷。酒泉、敦煌等地批发商按个体户的要求定期或不定期送货上门,也刺激了自治县个体商户的持续稳定发展。全县城乡商业网点达到 245 个,平均每 45.7 人有 1 个。全县社会消费品零售总额达到 4 426.4万元,比 2000 年增长 38%。其中,个体经济、股份经济零售额达到 2 713.9 万元,增长 40.6% |
| 2020 年 | "十三五"期间,肃北县工业、能源、交通、牧农林水利、城市建设和社会事业等项目同步跟进,累计建成项目 240 项,完成投资 201 亿元,项目招商引资到位资金 143 亿元。"十三五"末与 2015 年相比,地区生产总值总量增长 36.2%,其中第一产业增长 2.9 倍,第二产业增长 21.5%,第三产业增长 40.8%,建筑业增长 46.5%,社会消费品零售总额增长 69.3%,城镇居民人均可支配收入增长 47.5%,农村居民人均可支配收入增长 45.3%,累计清偿历年各类债务 4.3 亿元。编制工业强县、乡村振兴等一系列发展规划,打造了马鬃山经济开发区,产业结构逐步优化,县域综合实力显著提高,产业定位布局更加合理。如期完成脱贫攻坚任务,建档立卡脱贫户人均纯收入达 1.6 万元,集体经济空壳村全部清零 |

（2）对外贸易。

明末清初，肃北地区就开始了对外贸易经济活动，该地临近蒙古国，到了1930年，马鬃山镇成为连接自治县与蒙古国贸易的站口。除此之外，由肃北县至俄罗斯的贸易之路也经过马鬃山镇站口。1970年，肃北县主要出口羊肉、羊绒以及乌砂等物资，这些也是肃北县外汇的主要来源。实行改革开放政策以后，自治县对外开放的程度进一步加强，与外国的贸易活动也愈发频繁和密切。1992年之后，肃北县解放思想，重视经济体制改革，迅速建设且开通马鬃山口岸，该口岸成为对外贸易、对外宣传的重要窗口之一。自治县为了加快招商引资、促进对外贸易的发展，成立了对外贸易工作室，细化对外贸易项目管理工作。2002年，肃北县设立专门的招商局，意味着肃北县的对开改革开放、对外贸易的发展又迈向了一个新的台阶。

### 4.1.3.2 金融业

肃北县由于地处边境，商业发展缓慢。在民国之前，肃北全县都没有官方金融机构。1945年肃北设置过一家信贷合作指导室，这便是肃北县金融行业的雏形。肃北县金融行业的发展历程如表4.10所示。

**表4.10 肃北县金融行业发展历程**

| 时间 | 金融行业发展历程 |
| --- | --- |
| 建县初期 | 只有中国人民银行一家金融机构 |
| 1985年 | 全县金融机构有中国人民银行肃北县支行，中国农业银行肃北县支行，中国工商银行肃北县支行，中国建设银行肃北县支行和农行管理的各区、乡营业所、牧农村信用社等12个基层金融机构。这些金融机构认真履行调节货币流通、组织信贷活动、动员和分配社会资金、扶持工农牧业生产发展的职能，为繁荣肃北县经济发挥了重要作用 |
| 2000年 | 各金融机构深化经营管理体制改革，加快集约化经营进程，增强整体竞争实力和发展的后劲，按照"经济、合理、精简、高效"的原则，以城市为依托，按照集约化经营的要求，有步骤地实施经营要素和经营重点的转移 |
| 2004年 | 全县金融机构有中国农业银行肃北县支行及所属营业部、农村信用联社及所属营业部和别盖、马鬃山、石包城、盐池湾4个信用社及邮政储蓄所 |
| 2019年 | 由中国农业银行肃北县支行代理的肃北县金融机构现金调剂中心揭牌仪式举行，标志着中国人民银行敦煌市支行及中国工商银行肃北县支行、中国农业银行肃北县支行、甘肃银行肃北县支行、肃北县农村信用联社等金融机构迈出了银行同业间资源相互调剂使用的重要一步，标志着肃北县银行经营发展揭开了新的篇章 |

#### 4.1.3.3 饮食服务业

由于地处边境、人口密度低、交通不便，肃北县服务行业发展十分缓慢。直至 1958 年，肃北县成立了一家国有食堂、理发店以及国有旅社，这便是肃北县服务行业的发展雏形。肃北县餐饮行业的发展历程如表 4.11 所示。

**表 4.11 肃北县饮食服务业发展历程**

| 时间 | 饮食服务业发展历程 |
|---|---|
| 1978 年 | 开办照相馆，县城饮食服务业的发展基本处于停滞状态 |
| 1980 年 | 因流动人口少，各乡镇均无饮食服务业网点，下乡出差的干部和外来公干的人员均在乡机关职工食堂搭伙就餐，由乡上临时安排住宿。职工和居民理发则采取相互帮助、自力更生的办法解决 |
| 1985 年 | 由于政策松动，一些闲居的干部职工家属、城镇无业人员为增加收入、改善生活纷纷走出家门，或利用街面房屋和居民区闲置房舍开办小商店、小吃店，或承包经营国有、集体所有制商贸流通企业的门店，使当地城镇居民的生活开始走向方便、快捷 |
| 1990 年 | 全县有个体饮食业、服务业门店 57 家，包括饭馆 39 家，旅馆 2 家，理发店、摄影店、自行车修理店、家电修理店等 16 家。从业人员 94 人，注册资金 8.2 万元 |
| 1995 年 | 以批发零售贸易、餐饮业、社会服务业为主要行业的第三产业进入了高速发展时期。全县从事个体餐饮和批发零售贸易的门店达 193 家，社会服务业门店 67 家，从业人员总数达到 343 人，注册资金达到 116.1 万元。 |
| 1997 年 | 党的十五大以后，自治县进一步制定优惠政策，大力扶持非公有制经济，推动自治县以个体、私有经济为主要形式的第三产业更加迅猛地发展 |
| 2000 年 | 个体餐饮、零售门店增加到了 317 家，服务业门店增加到了 77 家，从业人员总数 460 人，注册资金 392 万元。进入 21 世纪以后，自治县的餐饮业、服务业、文化娱乐业继续保持了稳定发展的势头 |
| 2004 年 | 全县城乡有餐饮门店 111 个，旅馆 3 家，租赁和商业服务业门店 6 家，居民服务和其他服务门店 63 个。其中，理发及美容保健服务门店 16 家，洗浴服务门店 2 家，娱乐门店 9 个。餐饮服务业就业人数 212 人，注册资金 162 万元 |
| 2020 年 | 随着旅游业的发展，每年吸引众多外地游客前来，餐饮行业也随之发展起来，蒙古族传统特色美食制作技艺代表性传承人及肃北县蒙餐一级厨师研发和制作蒙古族传统奶茶、传统美食、创意蒙餐、主食，发扬蒙古族传统美食文化 |

#### 4.1.3.4 旅游业

肃北县位于丝绸之路河西走廊西端南北两侧，毗邻国际旅游名城敦煌，与中国优秀旅游城市嘉峪关接壤，历史悠久，地域辽阔，自然景观奇特。古文化遗址分布广泛。旅游资源类型全，规模大，分布广，品位高，地域组合好，具有开发旅游产业、发展旅游经济的巨大潜力。

（1）历史文物分布广泛。

肃北县境内南北两山地区分布着大量的岩画、石窟壁画、浮雕、城堡遗址和塞墙烽燧等文化古迹和历史遗存，现已发现的有75处，其中被列入省级文物保护的有6处，分别是：五个庙石窟、大黑沟岩画、灰湾子岩画、石包城城堡遗址、石坂墩遗址和党城遗址。据考证，五个庙石窟壁画为北魏时期所作，人物形象生动，画面线条流畅，内容丰富。有些作品为敦煌莫高窟同期壁画中没有的，具有较高的观赏价值和研究价值。岩画主要有大黑沟岩画、野牛沟岩画、灰湾子岩画和七个驴岩画等，现保存完整的共有55组300多幅，画面的大部分内容为射猎、放牧、习武、乘马、作战等场面。经考证，这些岩画是春秋、战国至西汉年间生活于该地区游牧民族的遗存。城堡遗址中最具代表性的是石包城（又名雍归镇）。石包城位于肃北县石包城乡政府西南方3千米处高约60米的山冈上，是一处攻守兼备的古城。据文物学家初步断定，石包城是东汉—魏晋时期的建筑，该石城在甘肃省仅此一处。此外在肃北县境内还有石坂墩（又名伯颜墩）、党城遗址等。

（2）自然景观美丽奇特。

肃北县地处内蒙古高原和青藏高原的交汇处。特殊的地理位置和多变的地质构造，使这里的地形千姿百态，风貌各异。南山地区山川重叠，峡谷并列，造就了丰富的自然景观：有雄伟壮丽的大雪山、象牙山、团结峰，还有奔腾不息的党河、疏勒河、榆林河、石油河；有中国距铁路、国道、机场最近且最易攀登的大型冰川——透明梦柯冰川，还有风光美丽的辽阔草原；有雄浑壮观的德勒诺尔天池（又名野马峰天池），还有幽深宁静的党河大峡谷；北山地区有一望无际的戈壁滩和神奇的海市蜃楼，更有远古的恐龙、三趾马化石和木化石，藻类植物化石及鱼类化石，有世界濒危动物野骆驼、野马、北山羊（红羊）以及诱人的边境风貌。肃北县特殊的地理环境和稀少的人口分布为野生动物的繁衍生息提供了十分优越的条件。1988年经甘肃省人民政府批准，建立了哈什哈尔国际狩猎场，为开展观光旅游和特种旅游提供了优越的条件。

## 4.2 甘肃边境地区产业结构演变

肃北县蒙古族俗称"雪山蒙古族",其服饰、饮食、住房、生活习俗独具特色。其赛马、射击、摔跤等体育运动和民族歌舞久负盛名,还有工艺精湛的浮雕、圆雕、绘画、刺绣、马头琴和银器等民间工艺品。积淀深厚民族文化和浓郁的蒙古族风情,为肃北县发展草原特色旅游提供了良好的条件。

肃北县的旅游业是一个新兴产业,以哈什哈尔国际狩猎场的建立为标志,始于 1988 年,但发展缓慢。进入 21 世纪以后,全县上下解放思想,开阔视野,形成了在稳定发展畜牧业、大力发展工业的同时积极发展旅游产业的共识。县委、县政府根据国内外旅游市场需求持续旺盛的形势,发现了自治县旅游业的巨大开拓潜力和发展空间,审时度势,提出了"发挥旅游资源优势,依托大敦煌旅游品牌,突出民族特色,开拓旅游市场,培育旅游支柱产业"的旅游工作指导思想。通过几年的辛勤努力,自治县旅游业顺利起步,为"十一五"期间的全面发展奠定了良好的基础。明确了旅游业的产业地位,加强了对旅游工作的具体领导。2001 年 2 月,县人民政府明确提出:"以旅游产业化发展为主线,加快旅游资源开发,加大旅游基础设施建设,全面开展旅游业务,拓展旅游空间,逐步形成特色鲜明、内涵丰富的大旅游网络,增强旅游业发展对经济增长的推动力。"2002 年,县人民政府又进一步提出了按"先易后难,先近后远,集中财力,发挥优势"的工作思路和以透明梦柯冰川、哈什哈尔国际狩猎场、野生动物园、民族风情园、水上乐园、党河峡谷开发建设为重点,以沙肃公路改线和党河芦草湾大桥建设为契机,加快城镇至景区的旅游绿色通道建设。以县城为中心,充分发挥毗邻敦煌的优势,全方位开拓国内外市场,不断拓展旅游服务功能,提高服务水平,提升旅游接待能力。加大旅游基础设施建设,重点解决通往透明梦柯冰川等景点的道路问题、接待服务问题,改善哈什哈尔国际狩猎场的狩猎设施条件,扩建野生动物园。逐步形成以狩猎、民族风情观光为中心、联动全县、辐射周边旅游网络的旅游业工作重点和发展规划。在此之前的 2000 年 10 月,成立于 1993 年的自治县外事旅游局正式分设挂牌,配备人员,全面开展了业务。旅游业的发展开始列入自治县领导机关的重要工作日程,在全县形成了发展旅游业的良好氛围,明确了政府的主导作用。

在广泛征集、认真整理、精心筛选的基础上,编制了《肃北县旅游资源分布图》和《肃北县旅游线路交通图》等，筛选确定了包括近期开展和长期开发的 30 个旅游项目和旅游路线，为旅游业的全面兴起做好了充分的准备。

采取"走出去，请进来"的办法，进行宣传促销。连续 8 年参加了在全国各大城市举办的旅游交易会和酒泉市旅游大篷车活动，成功举办了那达慕旅游节、2000 年自治县成立 50 周年庆祝活动和酒泉市第五届少数民族传统体育运动会等大型节庆活动，邀请外地旅游机构来县实地考察，聘请知名人士担任自治县旅游形象大使，建立肃北县旅游网站，宣传推广自治县的旅游产品，收到了明显的效果。2004 年，参加"选美中国"活动，透明梦柯冰川被《中国国家地理杂志》评选为中国"最美六大冰川之一"，大大地提高了自治县旅游的知名度。在敦煌、安西、酒泉以及兰州等地经营的蒙古包风情旅游，成为对外宣传推介自治县旅游的重要窗口。选派县乌兰牧骑和蒙古族歌舞演员参加敦煌国际旅游文艺演出和在沿海城市进行商业演出，取得了良好的宣传效果。

从 2001 年起，自治县组织力量，拨出专门经费，聘请专业单位和专家，先后完成了《肃北县旅游发展总体规划》《肃北县旅游业"十一五"发展规划》《肃北县透明梦柯冰川开发可持续研究报告》和《"三园一谷"可行性研究报告》，并通过专家评审，为自治县旅游业的顺利起步和长远发展确定了方向和道路。经过几年的努力，盐池湾自然保护区晋升为国家级自然保护区，马鬃山恐龙地质公园也已经省上批准立项，五个庙石窟维修加固的二期工程也已经完成。

2002 年自筹资金 150 万元，架设桥梁，修通了石包城至透明梦柯冰川的简易公路。2004 年，利用国债资金修建了安西双塔水库至石包城的旅游专线公路，使延伸安西旅游，开辟自治县冰川探险、草原风情游成为可能。投资 2 850 万元的石包城至透明梦柯冰川的旅游专线公路也经省上立项，正在建设之中。哈什哈尔国际狩猎场完善了接待设施，接待条件得到了改善，服务水平有了新的提高。2000 年，狩猎场接待国外猎人 7 批 15 人次，创收外汇 10 万美元。芦草湾旅游小区建设工作于 2001 年开始，已经完成了部分农户的搬迁。2004 年，民间投资 20 多万元建成了可鲁沟民族风情苑，苑内陈列的 300 多件民族民间文物，以及传统的蒙古族伙食、热情奔放的蒙古族歌舞，使游客充分感受到了蒙古族草原风情旅游的独特魅力。旅游宣传促销取得成效，2004 年已有 3 个登山队来县旅游探险。

近年来，随着自治县经济的持续高速高效增长和财政实力的不断增强，旅游环境得到较大的改善。开辟了四条旅游线路：党河峡谷—人民公园—喇嘛庙—拉排电站蒙古风情观光游、党河峡谷—奎腾温泉—团结峰—野牛沟登山探险游、竞河峡谷—大黑沟—石包城—七个驴—灰湾子考古观光游、党河峡谷—哈什哈尔狩猎场狩猎观光游。

### 4.2.1 肃北县产业结构变迁历史

肃北县产业结构的形成和演变最初基于要素禀赋，之后在地方资源条件的基础上，与国家实施的发展战略密切结合。新中国成立初期，肃北县根据地方资源优势优先发展畜牧业和重工业，改革开放以来，地方政府拥有更多自主权。甘肃省为加快经济发展，制定了相应的适合地方发展的政策措施，以促进产业结构优化、转型升级。特别是在国家实施西部大开发战略、发起兴边富民边境建设工程和实施乡村振兴战略以来，肃北县产业结构不断优化。结合肃北县立县以来经济体制改革和生产关系的演变，对肃北县三大产业结构发展进行梳理。表 4.12 和图 4.1 展示了 1950—2010 年肃北县工农业产值及其比例情况。表 4.13 展示了 1950—2010 年肃北县生产总值构成及三次产业比重情况。

表 4.12　肃北县 1950—2010 年工农业总产值以及比例

| 年份 | 工农业总产值/万元 | 农业/万元 | 工业/万元 | 工农业比例 |
| --- | --- | --- | --- | --- |
| 1950 | 12.8 | 12.8 | 0 | 100：0 |
| 1951 | 19.1 | 19.1 | 0 | 100：0 |
| 1952 | 35.5 | 35.5 | 0 | 100：0 |
| 1953 | 38.2 | 38.2 | 0 | 100：0 |
| 1954 | 44.6 | 44.4 | 0.2 | 99.55：0.45 |
| 1955 | 55 | 54.8 | 0.2 | 99.64：0.36 |
| 1956 | 74.8 | 74.3 | 0.5 | 99.33：0.67 |
| 1957 | 66.9 | 66.4 | 0.5 | 99.25：0.75 |
| 1958 | 106.1 | 84.1 | 22 | 79.26：20.74 |
| 1959 | 114.8 | 94.8 | 20 | 82.58：17.42 |
| 1960 | 126.4 | 106.9 | 19.5 | 84.57：15.43 |
| 1961 | 84.9 | 79.9 | 5 | 94.11：5.89 |
| 1962 | 99.5 | 98 | 1.5 | 98.49：1.51 |

表4.12(续)

| 年份 | 工农业总产值/万元 | 农业/万元 | 工业/万元 | 工农业比例 |
|---|---|---|---|---|
| 1963 | 113.09 | 108.68 | 4.41 | 96.10∶3.90 |
| 1964 | 122.04 | 117.51 | 4.53 | 96.29∶3.71 |
| 1965 | 132.51 | 128.32 | 4.19 | 96.84∶3.16 |
| 1966 | 130.37 | 124.71 | 5.66 | 95.66∶4.34 |
| 1967 | 149.06 | 143.69 | 5.37 | 96.40∶3.60 |
| 1968 | 146.85 | 142.99 | 3.86 | 97.37∶2.63 |
| 1969 | 142.7 | 136.22 | 6.48 | 95.46∶4.54 |
| 1970 | 191.6 | 173.02 | 18.58 | 90.30∶9.70 |
| 1971 | 409.65 | 281.59 | 128.06 | 68.74∶31.26 |
| 1972 | 345.01 | 278.26 | 66.75 | 80.65∶19.35 |
| 1973 | 395.91 | 369.57 | 26.34 | 93.35∶6.65 |
| 1974 | 417.73 | 396.44 | 21.29 | 94.90∶5.10 |
| 1975 | 373.54 | 342.27 | 31.27 | 91.63∶8.37 |
| 1976 | 454.8 | 418.39 | 36.41 | 91.99∶8.01 |
| 1977 | 460.66 | 404.07 | 56.59 | 87.72∶12.28 |
| 1978 | 533.65 | 450.34 | 83.31 | 84.39∶15.61 |
| 1979 | 441.64 | 293.05 | 148.59 | 66.35∶33.65 |
| 1980 | 528.99 | 364.75 | 164.24 | 68.95∶31.05 |
| 1981 | 622.9 | 479.93 | 142.97 | 77.05∶22.95 |
| 1982 | 613.09 | 467.27 | 145.82 | 76.22∶23.78 |
| 1983 | 623.81 | 526.22 | 97.59 | 84.36∶15.64 |
| 1984 | 661.5 | 541.26 | 120.24 | 81.82∶18.18 |
| 1985 | 897.51 | 531.02 | 366.49 | 59.17∶40.83 |

| 年份 | 工农业总产值/万元 | 农业/万元 | 工业/万元 | 工农业比例 |
|------|----------------|----------|----------|-----------|
| 1986 | 1 133.04 | 534.19 | 598.85 | 47.15∶52.85 |
| 1987 | 1 315.81 | 549.33 | 766.48 | 41.75∶58.25 |
| 1988 | 1 583.8 | 574.1 | 1 009.7 | 36.25∶63.75 |
| 1989 | 1 790.72 | 556.12 | 1 234.6 | 31.06∶68.94 |
| 1990 | 1 881.59 | 563.39 | 1 318.2 | 29.94∶70.06 |
| 1991 | 4 710.6 | 2 021.5 | 2 689.1 | 42.91∶57.09 |
| 1992 | 5 264.7 | 2 015.4 | 3 249.3 | 38.28∶61.72 |
| 1993 | 6 292.2 | 1 946.3 | 4 345.9 | 30.93∶69.07 |
| 1994 | 8 733.1 | 1 951.6 | 6 781.5 | 22.35∶77.65 |
| 1995 | 10 643.4 | 2 090.5 | 8 552.9 | 19.64∶80.36 |
| 1996 | 12 304.1 | 1 914.1 | 10 390 | 15.56∶84.44 |
| 1997 | 15 113.7 | 2 143.7 | 12 970 | 14.18∶85.82 |
| 1998 | 11 865.2 | 2 183.2 | 9 682 | 18.40∶81.60 |
| 1999 | 15 921.1 | 2 146.1 | 13 775 | 13.48∶86.52 |
| 2000 | 19 738.7 | 2 385.7 | 17 353 | 12.09∶87.91 |
| 2001 | 25 091.1 | 3 964.1 | 21 127 | 15.80∶84.20 |
| 2002 | 27 104 | 3 310 | 23 794 | 12.21∶87.79 |
| 2003 | 35 826.1 | 4 317.1 | 31 509 | 12.05∶87.95 |
| 2004 | 42 162.7 | 4 374.7 | 37 788 | 10.38∶89.62 |
| 2005 | 49 877.2 | 4 715.2 | 45 162 | 9.45∶90.55 |
| 2006 | 84 916 | 5 126 | 79 790 | 6.04∶93.96 |
| 2007 | 130 089 | 5 472 | 124 617 | 4.21∶95.79 |
| 2008 | 246 712 | 6 651 | 240 061 | 2.70∶97.30 |

表4.12(续)

| 年份 | 工农业总产值/万元 | 农业/万元 | 工业/万元 | 工农业比例 |
|---|---|---|---|---|
| 2009 | 333 278 | 6 578 | 326 700 | 1.97 : 98.03 |
| 2010 | 438 444 | 7 144 | 431 300 | 1.63 : 98.37 |

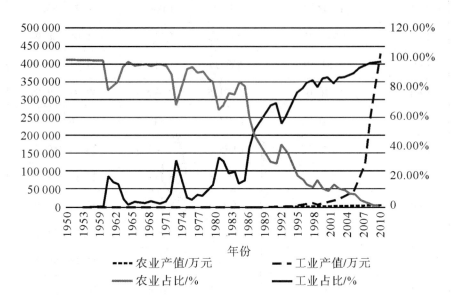

图4.1　肃北县1950—2010年工农业总产值以及比例

（数据来源：肃北县志编纂委员会. 肃北县志［M］. 甘肃：甘肃人民出版社，2014：454.）

表4.13　肃北县1950—2010年生产总值构成及三次产业比重

单位：万元

| 年份 | 生产总值 | 第一产业 | | 第二产业 | | 第三产业 | |
|---|---|---|---|---|---|---|---|
| | | 增加值 | 百分比 | 增加值 | 百分比 | 增加值 | 百分比 |
| 1950 | 14.8 | 12.8 | 86.49% | 0.0 | 0.00% | 2.0 | 13.51% |
| 1951 | 23.1 | 19.1 | 82.68% | 0.0 | 0.00% | 4.0 | 17.32% |
| 1952 | 40.0 | 35.5 | 88.75% | 0.0 | 0.00% | 4.5 | 11.25% |
| 1953 | 43.2 | 38.2 | 88.43% | 0.0 | 0.00% | 5.0 | 11.57% |
| 1954 | 49.6 | 44.4 | 89.52% | 0.2 | 0.40% | 5.0 | 10.08% |

表4.13(续)

| 年份 | 生产总值 | 第一产业 | | 第二产业 | | 第三产业 | |
|---|---|---|---|---|---|---|---|
| | | 增加值 | 百分比 | 增加值 | 百分比 | 增加值 | 百分比 |
| 1955 | 61.0 | 54.8 | 89.84% | 0.2 | 0.33% | 6.0 | 9.84% |
| 1956 | 81.8 | 74.3 | 90.83% | 0.5 | 0.61% | 7.0 | 8.56% |
| 1957 | 75.9 | 66.4 | 87.48% | 0.5 | 0.66% | 9.0 | 11.86% |
| 1958 | 117.1 | 84.1 | 71.82% | 22.0 | 18.79% | 11.0 | 9.39% |
| 1959 | 128.8 | 94.8 | 73.60% | 20.0 | 15.53% | 14.0 | 10.87% |
| 1960 | 143.4 | 106.9 | 74.55% | 19.5 | 13.60% | 17.0 | 11.85% |
| 1961 | 105.9 | 79.9 | 75.45% | 5.0 | 4.72% | 21.0 | 19.83% |
| 1962 | 125.5 | 98.0 | 78.09% | 1.5 | 1.20% | 26.0 | 20.72% |
| 1963 | 147.1 | 109.7 | 74.57% | 4.4 | 3.00% | 33.0 | 22.44% |
| 1964 | 160.0 | 117.5 | 73.43% | 4.5 | 2.83% | 38.0 | 23.74% |
| 1965 | 175.5 | 128.3 | 73.11% | 4.2 | 2.39% | 43.0 | 24.50% |
| 1966 | 179.4 | 124.7 | 69.53% | 5.7 | 3.16% | 49.0 | 27.32% |
| 1967 | 204.1 | 143.7 | 70.42% | 5.4 | 2.63% | 55.0 | 26.95% |
| 1968 | 208.9 | 143.0 | 68.47% | 3.9 | 1.85% | 62.0 | 29.69% |
| 1969 | 214.7 | 136.2 | 63.45% | 6.5 | 3.02% | 72.0 | 33.54% |
| 1970 | 270.6 | 173.0 | 63.94% | 18.6 | 6.87% | 79.0 | 29.19% |
| 1971 | 360.7 | 185.5 | 51.43% | 89.2 | 24.73% | 86.0 | 23.84% |
| 1972 | 539.0 | 278.3 | 51.62% | 66.8 | 12.38% | 194.0 | 35.99% |
| 1973 | 497.9 | 369.6 | 74.22% | 26.3 | 5.29% | 102.0 | 20.49% |
| 1974 | 528.4 | 396.4 | 75.03% | 21.9 | 4.15% | 110.0 | 20.82% |
| 1975 | 495.5 | 343.3 | 69.27% | 31.3 | 6.31% | 121.0 | 24.42% |
| 1976 | 585.8 | 418.4 | 71.42% | 36.4 | 6.22% | 131.0 | 22.36% |
| 1977 | 603.7 | 404.1 | 66.94% | 56.6 | 9.37% | 143.0 | 23.69% |
| 1978 | 688.7 | 450.34 | 65.39% | 83.3 | 12.10% | 155.0 | 22.51% |
| 1979 | 609.6 | 293.1 | 48.07% | 148.6 | 24.37% | 168.0 | 27.56% |
| 1980 | 736.9 | 398.6 | 54.09% | 163.9 | 22.24% | 174.4 | 23.67% |

表4. 13（续）

| 年份 | 生产总值 | 第一产业 | | 第二产业 | | 第三产业 | |
|---|---|---|---|---|---|---|---|
| | | 增加值 | 百分比 | 增加值 | 百分比 | 增加值 | 百分比 |
| 1981 | 803. 0 | 404. 3 | 50. 35% | 200. 6 | 24. 98% | 198. 1 | 24. 67% |
| 1982 | 898. 6 | 427. 1 | 47. 53% | 246. 5 | 27. 43% | 225. 0 | 25. 04% |
| 1983 | 1 008. 3 | 451. 6 | 44. 79% | 300. 9 | 29. 84% | 255. 8 | 25. 37% |
| 1984 | 1 132. 7 | 473. 5 | 41. 80% | 368. 6 | 32. 54% | 290. 6 | 25. 66% |
| 1985 | 1 549. 0 | 659. 9 | 42. 60% | 547. 2 | 35. 33% | 341. 9 | 22. 07% |
| 1986 | 1 618. 5 | 776. 8 | 48. 00% | 525. 7 | 32. 48% | 316. 0 | 19. 52% |
| 1987 | 1 692. 0 | 883. 3 | 52. 21% | 494. 8 | 29. 24% | 313. 9 | 18. 55% |
| 1988 | 2 522. 9 | 1 414. 4 | 56. 06% | 647. 1 | 25. 65% | 461. 36 | 18. 29% |
| 1989 | 2 716. 2 | 1 395. 7 | 51. 38% | 755. 8 | 27. 82% | 564. 73 | 20. 79% |
| 1990 | 2 738. 8 | 1 386. 6 | 50. 63% | 612. 2 | 22. 35% | 739. 96 | 27. 02% |
| 1991 | 2 833. 6 | 1 336. 7 | 47. 17% | 650. 0 | 22. 94% | 846. 85 | 29. 89% |
| 1992 | 3 010. 6 | 1 455. 0 | 48. 33% | 760. 9 | 25. 27% | 794. 71 | 26. 40% |
| 1993 | 3 444. 0 | 967. 0 | 28. 08% | 1 617. 0 | 46. 95% | 860. 0 | 24. 97% |
| 1994 | 3 863. 8 | 987. 7 | 25. 56% | 1 980. 1 | 51. 25% | 896. 0 | 23. 19% |
| 1995 | 5 392. 0 | 1 336. 0 | 24. 78% | 2 957. 0 | 54. 84% | 1 099. 0 | 20. 38% |
| 1996 | 8 388. 0 | 2 102. 0 | 25. 06% | 5 389. 0 | 64. 25% | 897. 0 | 10. 69% |
| 1997 | 9 452. 0 | 1 710. 0 | 18. 09% | 6 351. 0 | 67. 19% | 1 391. 0 | 14. 72% |
| 1998 | 9 601. 0 | 1 814. 0 | 18. 89% | 5 927. 0 | 61. 73% | 1 860. 0 | 19. 37% |
| 1999 | 11 711. 0 | 1 935. 0 | 16. 52% | 6 906. 0 | 58. 97% | 2 870. 0 | 24. 51% |
| 2000 | 14 847. 0 | 2 153. 0 | 14. 50% | 7 290. 0 | 49. 10% | 5 404. 0 | 36. 40% |
| 2001 | 17 386. 0 | 2 564. 0 | 14. 75% | 8 617. 0 | 49. 56% | 6 205. 0 | 35. 69% |
| 2002 | 19 358. 0 | 1 943. 0 | 10. 04% | 9 954. 0 | 51. 42% | 7 461. 0 | 38. 54% |
| 2003 | 22 572. 0 | 2 185. 0 | 9. 68% | 12 344. 0 | 54. 69% | 8 043. 0 | 35. 63% |
| 2004 | 26 192. 0 | 2 420. 0 | 9. 24% | 14 766. 0 | 56. 38% | 9 006. 0 | 34. 38% |
| 2005 | 30 098. 0 | 2 414. 0 | 8. 02% | 17 263. 0 | 57. 36% | 10 421. 0 | 34. 62% |
| 2006 | 48 547. 0 | 2 616. 0 | 5. 39% | 34 530. 0 | 71. 13% | 11 401. 0 | 23. 48% |

表4.13(续)

| 年份 | 生产总值 | 第一产业 | | 第二产业 | | 第三产业 | |
|------|---------|---------|-------|---------|-------|---------|-------|
| | | 增加值 | 百分比 | 增加值 | 百分比 | 增加值 | 百分比 |
| 2007 | 69 601.0 | 3 032.0 | 4.36% | 53 579.0 | 76.98% | 12 990.0 | 18.66% |
| 2008 | 126 629.0 | 3 135.0 | 2.48% | 96 732.0 | 76.39% | 26 762.0 | 21.13% |
| 2009 | 152 579.0 | 3 286.0 | 2.15% | 120 918.0 | 79.25% | 28 375.0 | 18.60% |
| 2010 | 193 911.0 | 3 748.0 | 1.93% | 156 580.0 | 80.75% | 33 583.0 | 17.32% |

数据来源：肃北县志编纂委员会. 肃北县志［M］. 甘肃：甘肃人民出版社，2014：459.

### 4.2.2　肃北县生产关系与经济体制改革

#### 4.2.2.1　计划经济时期

（1）牧区民主改革。

中华人民共和国成立后，国家实行计划经济。遵照国家关于少数民族地区进行改革要"慎重稳进"的方针，肃北县于1951—1956年开展民主改革运动。根据民族地区的实际，在改革中贯彻"废除封建特权""牧场公有、自由放牧"和"不分、不斗、不划阶级""牧工、牧主两利"的基本政策。打破了封建领主制生产关系对牧民的束缚，解放了牧区生产力，又保存了牧主经济，促进了肃北县牧区经济的发展。

（2）农牧业集体化。

1951年4月，肃北县试办了第一个农业临时互助组，有7户人家参加，共30人，其中劳动力17人。组内采取变工方法，以工换工，农忙结合，农闲便散伙。该合作互助的方式有效配置了资源，调动了劳动力的积极性，试办之后便得以扩散发展。直到1953年，全县已经组织了牧业临时互助组68个，共有339户牧民参加放牧合作。1954年，肃北县发展出第一个长期互助组，该互助组一共8户34人，包括劳动力22个，耕地120亩。该互助组采取自愿方式，劳动力统一安排，建立工分评价和结算账户制度。"一五"计划期间肃北县较好完成了各项计划指标。

1956年，根据中央《关于少数民族牧业地区逐步实现畜牧业社会主义改造指示》，肃北县开始试办农牧业结合的初级生产合作社，合作社一共37户，合计215人。该合作社有农业、牧业、副业三个队，并成立了合作社社务管理委员会和检查委员会。土地归集体所有，农具和牲畜经民主评议定价，按照评级价格折股入社参加分红。当年人均收入增加了35%，相较于互助组有更高的人均收入。直到1958年9月，全县所有劳动农牧户都参加了合作社，实现了农牧业初级合作化。

1958年3月，中共中央政治局会议通过了《关于把小型的农业合作社适当地合并为大社的意见》。意见指出："为了适应农业生产和文化革命的需要，在有条件的地方，把小型的农业合作社有计划地适当地合并为大型的合作社是必要的。"当年秋季，人民公社化运动进入高潮，全国农村在很短的时间内实现了公社化。肃北县宣布撤销乡的建制，实行一县一社，成立肃北人民公社，形成农、林、牧、副、渔统一经营的"政社合一"体制。原来合作社的土地、房屋、草场、牲畜等均归公社所有。人民公社化运动基于向共产主义过渡的情况，强调"一平二调三收款"，挫伤了群众的积极性。1961年，中央组织制定了《农村人民公社工作条例（草案）》，明确了现阶段人民公社实行三级所有、队为基础的制度。1963年，肃北县调整为14个公社，32个生产队，35个核算单位，实行公社、生产大队、生产队三级所有，队为基础的管理体制。肃北县撤销一县一社制，恢复社员自留地、自留畜。允许社员种自留地并饲养少量自留畜，适当发展经营家庭副业。生产关系的调整在一定程度上调动了广大农牧民的积极性，促进了农业的恢复发展。

此期间的收益以劳动日和畜股按比例分配，兼顾国家、集体、个人三者利益，实行按劳分配政策。年终决算在核实产量、收入，清理账目、钱物和工分的基础上编制分配方案。在完成国家税收和收购任务并保证集体存留的前提下，按照社员劳动工作日分配到户。

（3）国有工业的建立与发展。

1954年，肃北县仅有一个规模很小的铁工小组，按照传统的手工业生产方式进行管理，生产马掌、铁锹等工具。1958年，中央将权力下放，地方上开始兴办工业。肃北县办起了铁矿、面粉加工厂、农牧用具制配厂等8个小厂，但由于原料、资金、技术、管理等原因，除一个厂外，其余均于一年后停办或调整合并。改革开放以前，肃北县贯彻"以牧以农为纲"，乡镇企业只是作为农牧业经济中副业生产的一部分。1970年，全县兴办乡镇工业，包括冶金、机械、电力、缝纫四种类型，工业总产值3.95万元。1976年，以矿山采掘为主的集体企业在肃北县开始兴起。

4.2.2.2 改革开放后的经济体制改革

（1）农牧业经济体制改革。

1978年12月，党的十一届三中全会确立了把全党工作重点转移到经济建设上来。全会在讨论1979年、1980年两年的国民经济计划安排时，提出了要注意解决国民经济重大比例失调的问题，以达到综合平衡。全会还认为农业作为国民经济的基础还十分薄弱，需要加大力度恢复和发展农业生产，提高全国人民的生活水平。1979 年，肃北县扩大农牧民自留地、自留畜，提高农牧副产品收购价格，鼓励和支持农牧民因地制宜从事多种经营，减轻农牧民负担。肃北县牧区农村经历了"两定一奖""三定一奖"和队为基础、划组作业、以组为单位联产计酬等多种形式的生产责任制。生产成果同群众切身利益挂钩，收益分配中适当降低提留比例。1983 年，肃北县人均纯收入 510.8 元，比1978 年提高了 9.28 个百分点。

1983 年，农村实行家庭联产承包责任制，肃北县 12 个农业村将集体土地按比例承包到户，兼顾国家、集体、个人三者利益，当年全年粮食总产比上年增长 22.88%。同年 5 月，牧区在先行试点的基础上全面推广家庭联产承包责任制，延长土地承包期，草场的管理、使用、建设承包到户。县政府与乡镇和企业主管部门签订经济责任书，主管部门与各基层单位签订经济责任书，实行首长部门责任制，并制定相应的管理和奖惩措施。到 1984 年 9 月底，全县 626户牧民全部落实"双包"责任制。"九五"计划期间，肃北县围绕"加快改革发展，加快向富裕迈进"，以"社会产品产量增加、地方财政收入增加、城乡人民收入增加，加速权限文明富裕进程"为目标，制定目标和规划。1999 年，土地承包期再延长 30 年，稳定和完善了农村土地承包责任制。农牧民生产积极性显著提高，生产效率提高，剩余劳动力开始向非牧非农业转移。

分配关系方面，由于此期间农牧户在生产经营过程中具有经营自主权，实行了"保证国家的，完成集体的，其余都是自己的"分配原则，兼顾了国家、集体、个人利益。农牧民完成国家粮食定购任务后，粮食全部自己支配。生产责任制有效地调动了农牧民的生产积极性，牧农业得到了迅速发展，农牧民的劳动收入显著增加。2010 年，农牧民人均纯收入达到 8 408 元，比 1984 年增长了近 13 倍，平均年增长近 11%。

（2）工业体制改革。

党的十一届三中全会之后，全国缩小了指令性计划范围，扩大了指导性计划和市场调节范围，充分发挥价格、税收、信贷、利润等经济杠杆的作用，在农牧业、工业方面实行多种形式的经济承包责任制。20 世纪 80 年代，乡镇企业进入快速发展期。1981 年党城乡开办重晶石厂，1982 年石包城乡开办锰矿，1983 年党城乡建立副食品综合加工厂，1984 年马鬃山地区开办煤矿，1985 年盐池湾乡开采铬矿。直到 1984 年，肃北县共有县属国营企业 5 家，职工 67人，工业生产总值 38.6 万元。1985 年开始，肃北县各乡镇开始兴办萤石矿厂、铜矿厂、菱镁厂、金矿厂、水电局预制厂、化工厂、食品加工厂、畜产品加工厂等。到1995年，肃北县乡镇集体工业企业增加到99户，共有全民所有制工业企业15家。20世纪90年代中后期，受全球性市场供给过剩和亚洲金融危机的影响，肃北县矿山企业和矿产品受到冲击，工业经济一度低迷。肃北县根据国家宏观调控政策，对一些资源利用率低、效益不佳的企业进行整顿，按照"扶大限小"的要求重新组建企业集团，加快国有企业的改革创新发展，鼓励发展非公有制经济和股份制经济，调整优化工业经济结构。2000年，集体工业企业整合压缩至17家，实现工业总产值4 068万元。1998年肃北县建立股份制企业，建立之初共有两户，到2000年发展到7户。2005年，股份制企业增加到19户，集体工业企业18家，工业总产值9 816万元。2010年，肃北县共有集体工业企业41家，工业总产值1.25亿元。2016年实现工业总产值352 325万元；实现工业增加值106 092万元，同比增长9.57%。

（3）产业结构调整。

肃北县的工业门类长期以来比较单一，主要有矿产、电力和小型加工业。煤炭工业兴起于20世纪80年代中后期，中间经历了国营、集体、联办和个体的多种经营方式，虽然生产能力有很大提高，但是也造成了资源的严重浪费和破坏。进入21世纪，肃北县实施兴工强县战略，以铁、铬、煤炭、黄金、水力五大资源开发建设为重点，加大了资源开发力度，初步构建起以矿产采选和水电开发为主的民族工业框架。"十一五"时期，肃北县实施项目带动战略，加大招商引资力度，大力发展矿产业，积极开发水电业，建成了一批规模较大、投资较多、资源利用率较大、经济效益较好的矿山和水电企业。直到2008年，肃北县煤矿企业整合为9家。肃北县依托地域优势，先后开发兴建煤窑、铁矿、铬矿、锰矿、金矿、钨矿、铜矿、铅锌矿、重晶石矿、萤石矿、菱镁矿等。另外，水电、火电、风光发电除满足当地农业生产和城乡居民生活用电外，还为邻近县市和大电网联网供电。在服务性加工业方面，从最初的铁制品、砖瓦、石灰、面粉、食用植物油生产，缝纫，皮毛加工，到改革开放后个体、联办和私营的服装加工、家具制作，自行车、摩托车、电器、钟表修理，工艺品加工等各种服务性产业蓬勃兴起。

4.2.2.3　西部大开发战略背景下的发展

实施西部大开发战略是一项振兴中华的宏伟任务。2000年10月26日，国务院发出《关于实施西部大开发若干政策措施的通知》。2001年，国务院成立了西部地区开发领导小组。2000年4月，甘肃省委印发《关于甘肃省实施西部大开发战略的基本思路的通知》，提出要把甘肃建成全国重要有色冶金新材料基地、综合性高新石化基地、中药材加工基地、林牧业基地和旅游大省，充分发挥甘肃在西部大开发中的桥梁、纽带和依托作用。6月，江泽民同志在甘肃就加强新时期党的建设和西部大开发工作进行考察，强调要适应新形势、新任务、新要求，抓住机遇扎实推进西部大开发这项世纪工程。

肃北县地域辽阔、资源富集，境内矿产种类多样，储备丰富。依托丰富的矿产资源，肃北县大力实施工业强县战略，做大做强工业经济，规模开发矿产资源，逐步将资源优势转变为经济优势，使工业成为县域经济发展的增长极。西部大开发战略实施以来，肃北县基本构建了以黑色金属、有色金属、煤炭、清洁能源为主的四大产业县域工业经济体系。但是若要实现工业经济持续健康发展，需要发展质量效益型的工业企业，通过延伸矿产品加工增值链条，实现资源的经济效益和社会效益最大化。2011 年，肃北县全县生产总值完成 19.3 亿元，固定资产投资 23 亿元，工业增加值 19.3 亿元，较上一年增长 43%。人均地区生产总值在全国 120 个少数民族自治县中名列第一，在国家统计局国情研究所的"西部最具投资潜力百强县"中排名第 31，位列甘肃入选县市第一位。肃北县同时在改善生态环境、实施可持续发展方面加大投资力度，发展高载能产业，推进柳沟峡抽水蓄能电站建设，扩大水电总装机容量。

肃北县加大企业集中区域的基础设施建设，致力于解决制约企业发展的水、电、道路等瓶颈问题，引进企业及高等院校找矿设备和技术，提高资源保障能力，整体推进了区域发展战略。

4.2.2.4 兴边富民政策助推经济社会发展

党中央、国务院和省委、省政府把深入推进兴边富民行动作为提升边境地区发展的重要部署，加大对民族地区的支持力度。肃北县作为甘肃省唯一的边境县，于 2000 年、2004 年、2010 年先后被确定为全国兴边富民行动试点县、重点县和发展特色优势产业试点县。肃北县提出了《深入推进兴边富民行动支持肃北县加快经济社会发展的意见》，着眼于具有市场竞争力、符合产业政策的产业结构提升。

肃北县区域面积大，地处偏远，自然环境恶劣，基础设施建设和生态建设滞后，虽然凭借自然要素禀赋长期发展农牧业，但产业发展缓慢，社会各项事业发展不平衡，农牧业基础设施仍然滞后。国家兴边富民行动的实施，为肃北县提供了新的发展机遇。兴边富民行动推广 20 多年来，肃北县累计争取国家兴边富民行动资金 1.64 亿元，完成了交通、人畜饮水、用电、教育、口岸交通等基础设施项目，建成了县城"三纵六横一环"路网格局。作为基础设施薄弱、产业发展单一落后的边境地区，肃北县依靠自身区位优势和资源条件实施了"135"发展战略。全县第一、二、三产业增加值占生产总值的比重由2000年的14.5：49.1：36.4调整为2020年的7.3：43.5：49.2，产业结构更优，三大产业协调发展。兴边富民的20多年特别有利于边境民族地区的和谐稳定和边防一线的巩固和发展。肃北县边境牧区人畜安全饮水、危旧房改造等基础设施的建设极大地改善了当地基础设施条件，促进了农牧业的发展效能，提升了农牧民收入，促进了肃北县经济社会各项事业加速高质量发展。

#### 4.2.2.5 经济发展与乡村振兴战略的有机衔接

2021年4月，第十三届全国人民代表大会常务委员会第二十八次会议通过了《中华人民共和国乡村振兴促进法》，提出促进乡村产业振兴、人才振兴、生态振兴、组织振兴，推进城乡融合发展，强调坚持农民主体地位，充分尊重农民思想，保障农民主权利和其他合法利益，调动农民的积极性、主动性、创造性，维护农民的根本利益；同时强调充分发挥市场在资源配置中的决定性作用，更好发挥政府作用，推进农业供给侧结构性改革和高质量发展，不断解放和发展乡村社会生产力，激发农村发展活力。

肃北县大力实施乡村振兴战略，因地制宜，根据本区域的历史文化、发展现状、区位条件、资源禀赋、产业基础分类推进。实施生态立县、工业强县、旅游兴县三大战略，结合县域发展实际，调整优化经济结构，实行稳一产、强二产、优三产战略。稳定农牧产业发展，加快农牧产业转型升级，推动农牧业多元化发展，建设一县四园三基地。肃北县推进乡村振兴战略实施，初步形成休闲观光农业、高效农业和有机农业三大板块。强化第二产业，实施工业强县战略，立足县域资源禀赋，抓产业引导扶持，抓项目建设，抓招商引资，抓营商环境等措施，优化工业产业结构。形成黑色金属、有色金属、非金属、煤炭、新能源五大产业板块。优化第三产业，发展贸易、文化旅游、住宿餐饮、交通运输等传统服务业和金融保险、休闲娱乐等新兴服务业。建成了覆盖县、乡、村三级的电商和现代物流服务网络。构建高质量发展产业布局，增强县域经济体综合实力。

2019年，肃北县全县国民生产总值实现16.3亿元，是1950年的1.3万倍；完成固定资产投资24亿元，是1954年的1.5万倍；城市居民和农牧民人均可支配收入分别达到4万元、2.7万元。较2010年增长123%和222%。2020年，肃北县生产总值为16.91亿元，比上年增长7.8%。其中第一产业增加值为1.23亿元，增长5.6%；第二产业增加值7.35亿元，增长14.6%；第三产业增加值8.33亿元，增长1.6%。

# 5 陆地边境地区的产业结构效应测度：以甘肃省肃北县为例（2000—2019年）

## 5.1 引言

我国陆地边境地区具有典型的经济地理边缘性、自然和人文地理异质性以及国际地缘政治的前沿性，面临着区域内外经济社会发展不平衡和公私产品供需不充分的主要矛盾。我国陆地边境地区的经济发展长期处于滞后状态的一个重要体现是 2000 年以前基本建设欠账较多，产业结构落后，大部分群众的生活只是解决了低水平的温饱，还有相当一部分群众生活在贫困之中。至 2017 年，新型工业化、信息化、城镇化、农业现代化发展水平依然较低，保障和改善民生任务艰巨，对外开放层次和水平总体不高①。我国边境地区的结构性弱点十分突出：农业劳动生产率普遍偏低、工农产业部门发展不平衡，加之收入分配不均，初级产品不仅供给价格弹性较低而且有效需求不足。区域经济社会发展不平衡和公私产品供需不充分的问题相互掣肘，是造成我国边境地区各种社会矛盾的主要根源。加之陆地边境地区特殊的地理区位、民族宗教、战略资源储备和安全屏障等特征，部分地区反分裂斗争和维稳形势复杂严峻，深刻地影响我国的边疆治理效果。

改革开放初期，我国地区发展不平衡，东部沿海地区是我国产业布局的核心区，经济高速发展的同时区域之间的差距也不断扩大。2000 年左右，我国已经具备了一定的经济实力来反哺中西部地区。进入 21 世纪，我国开始实施区域协调发展战略，产业向中西部转移的速度不断加快。鉴于陆地边境地区的

① 国务院办公厅. 兴边富民行动"十三五"规划 [EB/OL]. [2017-06-06] (2019-08-01) http：//www. gov. cn/zhengce/content/2017-06/06/content_ 5200277. htm.

特殊重要性，为更好地解决边境地区面临的主要矛盾，推动边境地区的经济社会发展，20世纪末，国家民委倡议发起了兴边富民行动。兴边富民行动是贯彻中央实施西部大开发战略的一个配套性举措，于2006年起从部委行动升级为国家行动。国务院办公厅则先后于2007年、2011年和2017年发布了兴边富民行动的"十一五""十二五"和"十三五"规划。规划从边地的现实基础出发，通过差别化政策，给予边境地区更多的生产要素投入，给予边地产业结构优化升级和制度创新空间，极大地促进了我国陆地边境地区的经济社会发展，提升了边民的生产生活水平。但边地发展不平衡不充分的问题仍然突出，城乡区域发展和收入分配差距依然较大。

经济增长源于要素投入总量的增长和要素使用效率的提升。资本、劳动、能源等要素的投入、产业结构的优化和高级化、规模经济、技术进步和制度创新等，都是经济增长的重要源泉。自20世纪50年代克拉克（Colin Clark，1957）① 和库兹涅茨（Simon Smith Kuznets，1966）② 开始关注经济增长和产业结构演进之间的关系和成因，国内外学者在理论和实证上日益重视产业结构调整在经济增长中的作用。产业结构变迁成为区域经济发展的核心变量，产业结构变动或要素在产业间的重新配置对经济增长的影响则被称为结构效应。钱纳里（Chenery，1975）③ 指出，在一个非均衡经济体中，不同产业内部的生产率存在差异；在资源约束条件下，要素从生产率水平低的部门流向生产率水平高的部门时，会促进生产效率及经济总体水平的提高，要素的跨部门流动成为影响经济长期增长的关键因素。要素的收益水平取决于要素生产率的高低，生产要素在利润最大化的驱使下在产业间形成竞争，导致要素在产业间的重新配置，并最终表现为产业结构的变化和经济产出的增加④。提姆和泽勒曼（Timmer & Szirmai，2000）在研究中首次提出"结构红利假说"，即要素从低生产率部门向高生产率部门流动而形成的产业结构变迁对总生产率增长具有正向影响⑤。"结构红利假说"认为，结构效应的演变趋势取决于不同产业的要

① COLIN CLARK. The conditions of economic progress [M]. 3nd edition. London：Macmillan，1957.

② SIMON KUZNETS. Modern economic growth：rate structure and spread [M]. New Haven and London：Yale University Press，1966.

③ 钱纳里在《发展的形式：1950—1970》（1975）和《结构变化和发展政策》（1979）两部著作中均指出对发展来说重要的是转变经济增长方式，因而对结构变动的各种制约因素分析很重要。

④ 王鹏，尤济红. 产业结构调整中的要素配置效率：兼对"结构红利假说"的再检验 [J]. 经济学动态，2015，656（10）：70-80.

⑤ TIMMER N D. The geopolitics of peacemaking in Israel-Palestine [J]. Political Geography，2002（5）：629-646.

素生产率差异，要素的跨部门流动提升了资源配置效率、促进了经济总体的全要素生产率（TFP）增长率的提升、实现了产业结构变迁对经济增长的推动作用，因此产业结构演进是有效率的，这被称为结构效应为正或"结构红利"。艾利盖和克里斯泰德（Aldrighi & Colistete，2013）①、赛普和瓦布兰（Sepp & Varblane，2014）②、刘伟和张辉（2008）③、张军等（2004）④ 等国内外学者分别通过偏离份额法等方法在制造业中获得了结构红利的经验支持。

目前，市场机制已在我国资源配置中发挥着基础性作用，但我国经济还远未达到一般均衡水平，不同产业间的生产效率差异依然很大。2019 年中央经济工作会议明确指出，我国经济"正处在转变发展方式、优化经济结构、转换增长动力的攻关期"。那么，边境地区目前的结构效应有什么样的发展演变趋势，其经济发展模式是否具有可持续性，是否需要以及应该如何转换经济增长动能呢？这需要我们先了解兴边富民行动实施的二十年里边境地区的经济结构尤其是产业结构发生了怎样的变迁，其经济增长剔除要素投入总量的增加外有多少归因于要素配置效率的提升，进而分析边境地区产业结构变迁产生的结构效应对区域经济增长的贡献处于结构红利倒"U"形曲线的哪个阶段。本书选取从 2000 年起一直在实施兴边富民行动的肃北县作为研究对象，试图将结构变迁效应从全要素生产率中分解出来，从理论模型、实证方法和甘肃案例三个角度测算产业结构变迁对边境地区经济增长的贡献。

## 5.2　理论模型和测算方法

经济的增长源于要素投入的提高和生产效率的提升。在资源约束条件下，提升生产效率是经济长期增长的关键因素。在一个非均衡经济体中，不同产业部门的生产要素的边际产出不等。在市场经济条件下，要素的收益水平取决于要素边际产出率的高低，因此，生产要素有动力从边际报酬低的部门向生产效

① ALDRIGHI D, COLISTETE R P. Industrial growth and structural change：Brazil in a long-run perspective ［J］. Department of Economics，2013.

② SEPP J, VARBLANE U. The decomposition of productivity gap between Estonia and Korea ［J］. Discourses in Social Market Economy，2014.

③ 刘伟，张辉. 中国经济增长中的产业结构变迁和技术进步 ［J］. 经济研究，2008（11）：4-15.

④ 张军，吴桂英，张吉鹏. 中国省际物质资本存量估算：1952—2000 ［J］. 经济研究，2004（10）：35-44.

率和边际报酬高的部门流动。生产要素在利润最大化的驱使下在产业间形成竞争，各要素在不同产业中获得的利益不同导致要素在产业间的重新配置，并最终表现为产业结构的变化和经济产出的增加①。"结构红利假说"认为，结构效应的演变趋势取决于不同产业的要素生产率差异，要素的跨部门流动提升了资源配置效率、促进了经济总体的全要素生产率（TFP）增长率的提升、实现了产业结构变迁对经济增长的推动作用，即结构效应为正或实现"结构红利"；若要素在产业间的重新配置不利于地区总生产率增长，即结构效应为负或出现"结构负利"。

在二元经济结构下，发展中国家和地区低效的农业部门存在大量的剩余劳动力。劳动力向生产效率更高、收益更高的第二产业转移，会释放正的结构效应，提升经济的总体生产率水平，第二产业的劳动力相对比重和国民收入相对比重都随之提高。但因受刘易斯拐点、劳动力要素未富先老、资本要素报酬递减、生产率下降产生的消费收缩、第三产业发育缓慢未能承接第二产业转移的要素等多重因素的叠加影响②，当劳动力进一步由第二产业向第三产业转移时，可能释放负的结构效应，产生"产业结构演进无效率"等问题③；第三产业的劳动力相对比重随着收入水平的提高而提高，但其国民收入相对比重却基本稳定或几乎不变。从美国近四十年的产业结构演进经验来看，在其第三产业占比达80%之前，第三产业占GDP的比重每提升6%，GDP增速下降约1%，当第三产业和其他产业的结构趋于稳定时，GDP的增速才不会下滑④。总体而言，在对结构效应的研究中，国内外学者大多认为劳动要素配置的结构效应为正，但对资本要素配置的结构效应存在较大分歧。理论和实证均表明，产业结构变迁对经济增长的贡献在时间上表现为先上升后下降的倒"U"形演变特征。与此同时，区域产业结构的异质性和高级化过程，还会造成不同区域的结构效应分异，在空间上表现为"不同区域处于结构红利倒'U'形曲线的不同阶段，形成"结构红利"的大国'雁阵'模式⑤。

① 王鹏，尤济红. 产业结构调整中的要素配置效率：兼对"结构红利假说"的再检验 [J]. 经济学动态，2015（10）：70-80.

② 杨明洪，黄平. 南北差距中的结构效应及空间差异性测度 [J]. 经济问题探索，2020（5）：1-13.

③ 蔡昉. 人口转变、人口红利与刘易斯转折点 [J]. 经济研究，2010（4）：413.

④ 张辉，丁匡达. 美国产业结构、全要素生产率与经济增长关系研究：1975—2011 [J]. 经济学动态，2013（7）：140-148.

⑤ 杨明洪，黄平. 南北差距中的结构效应及空间差异性测度 [J]. 经济问题探索，2020（5）：1-13.

目前，市场机制已在我国资源配置中发挥着基础性作用，但我国经济还远未达到一般均衡水平，不同产业间的生产效率差异依然很大，产业结构正处于转型升级的攻关期。因此，通过估算全要素生产率的增长率，一方面可以得到劳动和资本等要素的结构效应对边境地区经济增长的贡献程度，另一方面可以看到结构效应的发展演变趋势，分析区域经济增长所处阶段以及经济增长的可持续性。

### 5.2.1 测算方法

20 世纪 50 年代后，人们试图通过增长核算来测度经济增长的源泉（主要是劳动和资本）对经济增长的贡献。增长核算指的是将所采用的国民产量或人均产量增长率在改变和引起增长的决定因素之间进行分配，以估算每一个决定产出的因素的既定变化对产出影响的大小。对要素生产率增长核算主要分为单一要素核算和多要素核算，如劳动生产率核算和全要素生产率核算。理论上对结构效应的估算主要有两种方式，一种是基于单一要素的劳动生产率部门的转换份额分析，另一种是基于对全要素生产率的分解。肯德里克（Kendrick，1961）[1] 指出，产量和某一特定投入量之比为部分生产率，只能衡量一段时间内某一特定投入的节约，不能表示因为量结构变化导致的生产效率的全部变化[2]。因此，须使用全要素生产率，即产量和全部要素投入量之比，来衡量全部投入量的节约或生产率的变化。艾布拉姆威兹（Abramovitz，1956）[3] 把全要素生产率表示为产出数量指数与所有投入要素加权指数的比率。索罗（Solow，1957）认为，全要素生产率是总体经济增长率扣除劳动和资本贡献之后的余额，是经济增长核算中的残差[4]。全要素生产率从投入与产出两个角度综合考虑经济发展现状，注重体现经济"质"的增长，因此可以作为分析经济增长源泉的重要工具。经济的总产出增长在扣除要素投入增长之后可以分成两个部分：各个产业部门的平均全要素生产率增长和要素在产业间流动带来的

---

① 肯德里克在《美国生产率的发展趋势》（1961）和《战后1948—1969年美国生产率发展趋势》（1973）两部著作中对1889—1969年美国生产率的变化进行了分析和计算。部分生产率只能衡量一段时间内某一特定投入的节约，却不能表示生产效率的全部变化，因为投入量结构的变化会影响生产效率的全部变化。要衡量全部投入量的节约或衡量生产效率的变化，必须使用全要素生产率，即产量与全部要素投入量之比。

② 马春文，张东辉. 发展经济学 [M]. 4 版. 北京：高等教育出版社，2016：68.

③ ABRAMOTIVZ M. Resource and output trends in United States since 1870 [J]. American Economic Review，1956，46（2）：5-23.

④ SOLOW R M. Technical change and the aggregate production function [J]. Review of Economics and Statistics，1957，39（3）：312-320.

结构效应增长。因此，计算结构效应的基本方法就是对照总量水平（aggregate level）的 TFP 增长率和部门水平（sectoral level）的 TFP 增长率的差异。

现有文献中关于全要素生产率的核算方法主要分为三大类：参数方法、半参数方法和非参数方法。其中，参数方法主要有增长核算法和计量分析法等。参数方法的主要思路是先构建一个生产函数（如科布—道格拉斯函数、超越对数函数等），然后用样本数据拟合生产函数，得到各个参数，之后对具体的生产函数进行求导、加减运算，剔除各生产要素的贡献，得到全要素生产率的增长率。其中，索罗残差法避开了生产函数的具体形式讨论，关注函数的相关性质，采用产出增长率扣除各投入要素增长率后的残差来测算全要素生产率增长，计算方法简便，应用较为广泛；但其"所有生产者都能实现最优的生产效率"这一关键假定不完全符合现实，且扣除劳动和资本份额贡献的"余值"反映了任何导致生产函数变动的因素，而不仅是技术进步的贡献。随机前沿分析法（SFA）则通过求解生产前沿面，利用最小二乘法或极大似然法（ML）估计出参数，并计算出偏离生产前沿面的无效部分，把 TFP 增长率分解为技术前沿和技术效率，反映了生产可能性边界的移动和技术效率的变化；但由于这是建立在产出缺口估算基础上的，所需样本量较大，会导致 TFP 增长率的估算偏差[1]。半参数方法主要包括 OP 法（Olley & Pakes，1996）[2] 和 LP 法（Levinsohn & Petrin，2003）[3]。OP 法可以控制同步偏差问题，把生产率冲击看成影响企业投资决定的反函数，并分两步计算得到各生产要素在生产函数中的比重：首先估算中间投入和劳动力投入在生产函数中所占份额，得到不直接考察资本的最小二乘拟合残差；其次以该残差值为因变量，并采用高阶多项式的形式把资本和投资作为自变量，以非线性最小二乘法进行估计；最后结合两步所得估计系数，得到企业的全要素生产率。LP 法也使用两阶段估计：第一阶段估计劳动力在生产函数中的比重，第二阶段估计资本和中间投入在生产函数中的比重，从而得到全要素生产率的估值。半参数估计方法可以有效解决生产函数的内生性问题，但所需数据量较大。非参数方法以数据包络（DEA）线性规划思想融入距离函数的 Malmquist 指数法居多，即将数据包络方法（data

① 刘光岭，卢宁. 全要素生产率的测算与分解：研究述评 [J]. 经济学动态，2008（10）：78-82.

② OLLEY G S，PAKES A. The dynamics of productivity in the telecommunications equipment industry [J]. Econometrica，1996，64（6）：1263-1297.

③ LEVINSOHN J，PETRIN A. Estimating production functions using inputs to control for unobservables [J]. Review of Economic Studies，2003，70（2）：317-341.

envelopment analysis）与 Malmquist 指数法相结合用以测度全要素生产率。具体来讲，先依据 DEA 方法确定技术前沿函数，然后得到距离函数，再利用距离函数构造 TFP 指数并以此来衡量全要素生产率的增长率。非参数方法只适用于面板数据，不适用于对一个地区全要素生产率的单独估算。

### 5.2.2 理论模型

本书选取参数方法估算全要素生产率，并采用偏离份额法分解结构效应的贡献，观察我国边境地区三次产业的增长因素和变动特点。这有助于了解边境地区各部门之间的投入产出格局和效益结构特征，对分析兴边富民行动过程中的资源配置模式和产业变动趋势以及边境地区的经济增长效益具有重要意义。

希克斯中性技术系数意味着要素之比 $K/L$ 不随时间变化，技术进步不影响投入要素之间的边际替代率；假设 $F(\cdot)$ 为一次齐次函数，即关于所有投入要素都是规模收益不变的。假定生产函数是规模报酬不变和满足希克斯中性技术进步的可微函数：

$$Y = F(K, L, t) \tag{5.1}$$

其中，$Y$ 表示产出，$K$ 和 $L$ 分别代表资本存量和劳动投入数量，$t$ 为时间变量，生产函数 $F(\cdot)$ 形式待定。对生产函数求全微分，并将两边同时除以 $Y$，有：

$$\frac{\mathrm{d}Y/\mathrm{d}t}{Y} = \frac{(\partial F/\partial K)}{Y} \cdot \frac{(\partial K/\partial t)}{K} \cdot$$

$$K + \frac{(\partial F/\partial L)}{Y} \cdot \frac{(\partial L/\partial t)}{L} \cdot L + \frac{(\partial F/\partial t)}{Y} \tag{5.2}$$

令 $\dfrac{\mathrm{d}Y/\mathrm{d}t}{Y} = G(Y)$，$\dfrac{(\partial K/\partial t)}{K} = G(K)$，$\dfrac{(\partial L/\partial t)}{L} = G(L)$，$\dfrac{(\partial F/\partial t)}{Y} = G(A)$。

其中，$G(A)$ 为总量水平的全要素生产率（TFP）的增长率，代表了经济增长中除去资本和劳动要素投入数量变化之外的全部因素所做的贡献，$G(A)$ 中比较突出的是科学技术进步的作用，但实际上也有制度、政策等重要因素的作用。

令 $\alpha = \dfrac{\partial Y/Y}{\partial K/K} = \dfrac{\mathrm{MPK} \cdot K}{Y} = \dfrac{f_K \cdot K}{Y}$，$\beta = \dfrac{\partial Y/Y}{\partial L/L} = \dfrac{\mathrm{MPL} \cdot L}{Y} = \dfrac{f_L \cdot L}{Y}$，分别为资本要素和劳动要素在产出中的贡献份额，MPK 或 $F(K)$ 和 MPL 或 $F(L)$ 分别表示经济总体的资本要素和劳动要素的边际产出。则经济体总产出的增长率为：

$$G(Y) = G(A) + \alpha \cdot G(K) + \beta \cdot G(L) \tag{5.3}$$

建立计量模型：

$$G(Y) = G(A) + \alpha \cdot G(K) + \beta \cdot G(L) + \varepsilon \tag{5.4}$$

回归可得 $\hat{\alpha}$ 和 $\hat{\beta}$ ，进而得到：

$$G(Y) = G(A) + \hat{\alpha} \cdot G(K) + \hat{\beta} \cdot G(L) \qquad (5.5)$$

$$G(A) = G(Y) - \hat{\alpha} \cdot G(K) - \hat{\beta} \cdot G(L) \qquad (5.6)$$

令 $i=1$ ，2，3，分别表示第一、第二和第三产业，则各产业部门的总产出增长率可以分解为：

$$G(Y_i) = G(A_i) + \alpha_i \cdot G(K_i) + \beta_i \cdot G(L_i) \qquad (5.7)$$

其中，$G(A_i) = \dfrac{\mathrm{d}A_i}{\mathrm{d}t} / A_i$ 为产业 $i$ 的 TFP 增长率，$G(K_i) = \dfrac{\mathrm{d}K_i}{\mathrm{d}t} / K_i$ 和 $G(L_i) = \dfrac{\mathrm{d}L_i}{\mathrm{d}t} / L_i$ 分别为产业 $i$ 的资本要素和劳动要素的增长率。

因此，经济体总产出的增长率 $G(Y)$ 也可以用各个产业部门的变量来表示：

$$G(Y) = \frac{\mathrm{d}\left(\sum_i Y_i\right)}{Y} = \sum_i \rho_i \cdot G(Y_i)$$

$$= \sum_i \rho_i \cdot \alpha_i \cdot G(K_i) + \sum_i \rho_i \cdot \beta_i \cdot G(L_i) + \sum_i \rho_i \cdot G(A_i) \qquad (5.8)$$

其中，$\rho_i = Y_i / Y$ ，表示各个产业产值在总产值中的比重；$Y = \sum_i Y_i$ ，$K = \sum_i K_i$ ，$L = \sum_i L_i$ 。

令 $f_{K_i}$ 和 $f_{L_i}$ 分别表示经济总体的资本要素和劳动要素的边际产出。进一步分析可知，$\alpha = \dfrac{f_K K}{Y} = \sum_i \left(\dfrac{Y_i}{Y} \cdot \dfrac{f_{K_i} K}{Y_i}\right) = \sum_i (\rho_i \cdot \alpha_i)$ ，$\beta = \dfrac{f_L L}{Y} = \sum_i \left(\dfrac{Y_i}{Y} \cdot \dfrac{f_{L_i} L}{Y_i}\right) = \sum_i (\rho_i \cdot \beta_i)$ 。$\sum_i \rho_i \cdot G(A_i)$ 为各个产业部门的 TFP 增长率的加权平均值，即产业内部增长效应 IGE（industry growth effect）。

经济总体的全要素生产率的增长率剔除了生产要素投入量的产出增长后，反映了两方面的效率提高：一是由技术进步或制度创新等带来的各个产业内部全要素生产率对经济总体全要素生产率的影响，即内部增长效应（IGE）；二是要素在产业间的重新配置引发的效率提升对地区经济增长的贡献，即资源再配置效应或称之为结构效应（total structural effect，TSE），它反映了产出结构变迁导致的经济增长。总量水平的 TFP 增长率 $G(A)$ 和各部门水平的 TFP 增长率的加权平均值 $\sum_i \rho_i \cdot G(A_i)$ 之间的差，就是产业结构变迁或要素资源配置对总量 TFP 的贡献，即总结构效应 TSE。

$$TSE = G(A) - \sum_i \rho_i \cdot G(A_i)$$

$$= \left[ G(Y) - \alpha \cdot G(K) - \beta \cdot G(L) \right] - \left[ \sum_i \rho_i \cdot G(Y_i) - \sum_i \rho_i \cdot \alpha_i \cdot \right.$$

$$G(K_i) - \sum_i \rho_i \cdot \beta_i \cdot G(L_i) \,\big]$$

$$= \big[\, G(Y) - \sum_i \rho_i \cdot G(Y_i) \,\big] + \big[\, \sum_i \rho_i \cdot \alpha_i \cdot G(K_i) - \alpha \cdot G(K) \,\big] +$$

$$\big[\, \sum_i \rho_i \cdot \beta_i \cdot G(L_i) - \beta \cdot G(L) \,\big]$$

$$= \big[\, \sum_i \rho_i \cdot \alpha_i \cdot G(K_i) - \alpha \cdot G(K) \,\big] + \big[\, \sum_i \rho_i \cdot \beta_i \cdot G(L_i) - \beta \cdot$$

$$G(L) \,\big] \tag{5.9}$$

其中，$\sum_i \rho_i \cdot \alpha_i \cdot G(K_i) - \alpha \cdot G(K)$ 表示资本要素市场的产业结构变迁效应，劳动要素市场的产业结构变迁效应则表示为：$\sum_i \rho_i \cdot \beta_i \cdot G(L_i) - \beta \cdot G(L)$。二者分别表示资本要素和劳动要素在不同部门之间流动带来的全要素生产率的增加。

根据各产业资本要素和劳动要素的弹性可知，$\alpha_i = \dfrac{f_{K_i} K_i}{Y_i}$，$\beta_i = \dfrac{f_{L_i} L_i}{Y_i}$。对（5.9）式进行变换，可以进一步识别资本和劳动要素如何在产业间流动，从而得到结构效应，即：

$$\text{TSE} = \frac{1}{Y} \sum_i \left[ \frac{\mathrm{d}K_i}{\mathrm{d}t} \cdot (f_{K_i} - f_K) \right] + \frac{1}{Y} \sum_i \left[ \frac{\mathrm{d}L_i}{\mathrm{d}t} \cdot (f_{L_i} - f_L) \right]$$

$$= A_K \cdot f_K + A_L \cdot f_L \tag{5.10}$$

公式（5.10）中，$A_K \cdot f_K$ 和 $A_L \cdot f_L$ 分别表示资本要素市场和劳动要素市场的产业结构变迁效应。可见，若资本（或劳动）要素在边际产出率高于总量平均水平（$f_{K_i} > f_K$ 或 $f_{L_i} > f_L$）的产业中增长较快，则资本（或劳动）流动带来的结构变迁效应就会较大；相反，若资本（或劳动）要素在那些取得低于平均水平的边际报酬（$f_{K_i} < f_K$ 或 $f_{L_i} < f_L$）的行业中的份额增长较快，则资本（或劳动）的结构变迁效应较小；当不同产业部门的资本和劳动要素的边际产出都趋同、与总体平均边际产出率相等时，资本要素市场和劳动要素市场的产业结构变迁效应才会同时趋于零，总结构效应 TSE 才会消失，要素的配置才会达到最优，平均产出水平最大。可见，若经济处于非均衡状态且遵循市场机制，即使不存在技术进步和规模经济且要素的总量保持不变，由于不同产业的要素边际产出不同，要素在不同产业间的转移和重置也会带来产业结构的优化和经济产出的增加，要素的产业间流动实现了产业结构变迁效应。

## 5.3 数据来源与处理

为计算结构效应在 TFP 增长率中的贡献率，需要计算结构效应的具体数值和 TFP 增长率。因此，本书的测算指标主要涉及经济总体和各个产业的 GDP 指标、资本要素投入指标和劳动要素投入指标等。

### 5.3.1 GDP 指标选取和调整

本书直接选取地区生产总值以及三次产业增加值作为产出指标。需要指出的是，我国对国民经济的三次产业划分始于 1985 年，农、林、牧、渔业为第一产业；2003 年将农、林、牧、渔、服务业改列为第一产业；但 2012 年又将农、林、牧、渔、服务业计入第三产业。此外，国家统计局还曾于 1993 年、2004 年、2008 年、2013 年和 2016 年对 GDP 历史数据进行了五次系统修订。本书直接采用 2000—2020 年《甘肃发展年鉴》中边境地区的地区生产总值和三次产业增加值，未对 2003—2011 年间第一和第三产业的增加值进行调整。由此可得边境地区经济总体和各个产业的 GDP 时间序列数据，再利用边境地区各年的 GDP 平减指数可得 1999 年不变价的 GDP 和各产业增加值的时间序列。详见表 5.1 和图 5.1。

表 5.1　1999—2019 年甘肃边境地区 GDP 构成　　单位：万元

| 年份 | GDP（当年价） | GDP平减指数（上年=100） | 实际GDP（1999年价） | 第一产业增加值（当年价） | 第一产业增加值（1999年价） | 第二产业增加值（当年价） | 第二产业增加值（1999年价） | 第三产业增加值（当年价） | 第三产业增加值（1999年价） |
|---|---|---|---|---|---|---|---|---|---|
| 1999 | 11 396 | 100 | 11 396 | 1 762 | 1 762 | 7 067 | 7 067 | 2 567 | 2 567 |
| 2000 | 11 972 | 107 | 11 189 | 1 934 | 1 807 | 7 278 | 6 802 | 2 760 | 2 579 |
| 2001 | 17 015 | 117.6 | 13 522 | 2 272 | 1 806 | 9 282 | 7 377 | 5 461 | 4 340 |
| 2002 | 19 106 | 113.7 | 13 354 | 1 699 | 1 188 | 10 868 | 7 596 | 6 539 | 4 570 |
| 2003 | 22 214 | 111 | 13 988 | 1 885 | 1 187 | 13 387 | 8 430 | 6 942 | 4 371 |
| 2004 | 25 577 | 106.1 | 15 180 | 2 303 | 1 367 | 15 982 | 9 485 | 7 292 | 4 328 |
| 2005 | 30 098 | 108.6 | 16 448 | 2 414 | 1 319 | 17 263 | 9 434 | 10 421 | 5 695 |
| 2006 | 48 583 | 115.8 | 22 927 | 2 616 | 1 235 | 34 530 | 16 296 | 11 437 | 5 397 |
| 2007 | 69 601 | 118.9 | 27 625 | 3 032 | 1 203 | 53 579 | 21 266 | 12 990 | 5 156 |
| 2008 | 115 820 | 122.8 | 37 435 | 3 135 | 1 013 | 96 732 | 31 265 | 15 953 | 5 156 |
| 2009 | 152 579 | 115.1 | 42 846 | 3 286 | 923 | 120 918 | 33 955 | 28 375 | 7 968 |

表5.1(续)

| 年份 | GDP（当年价） | GDP平减指数（上年=100） | 实际GDP（1999年价） | 第一产业增加值（当年价） | 第一产业增加值（1999年价） | 第二产业增加值（当年价） | 第二产业增加值（1999年价） | 第三产业增加值（当年价） | 第三产业增加值（1999年价） |
|---|---|---|---|---|---|---|---|---|---|
| 2010 | 193 947 | 114.1 | 47 732 | 3 784 | 931 | 156 580 | 38 536 | 33 583 | 8 265 |
| 2011 | 250 528 | 115.8 | 53 245 | 3 608 | 767 | 207 672 | 44 137 | 39 248 | 8 341 |
| 2012 | 376 164 | 123.7 | 64 629 | 3 971 | 682 | 325 789 | 55 974 | 46 404 | 7 973 |
| 2013 | 435 378 | 118.5 | 63 125 | 4 368 | 633 | 377 219 | 54 692 | 53 791 | 7 799 |
| 2014 | 341 496 | 109.0 | 45 425 | 4 519 | 601 | 271 368 | 36 097 | 65 609 | 8 727 |
| 2015 | 202 310 | 102.7 | 26 203 | 5 041 | 653 | 128 308 | 16 618 | 68 961 | 8 932 |
| 2016 | 188 212 | 105.3 | 23 150 | 5 188 | 638 | 115 601 | 14 219 | 67 423 | 8 293 |
| 2017 | 137 707 | 87.1 | 19 447 | 5 635 | 796 | 60 870 | 8 596 | 71 202 | 10 055 |
| 2018 | 141 059 | 105.9 | 18 810 | 6 353 | 847 | 58 374 | 7 784 | 76 332 | 10 179 |
| 2019 | 162 890 | 108.1 | 20 094 | 11 079 | 1 367 | 68 868 | 8 495 | 82 943 | 10 232 |

数据来源：根据2000—2020年《甘肃发展年鉴》数据整理计算。

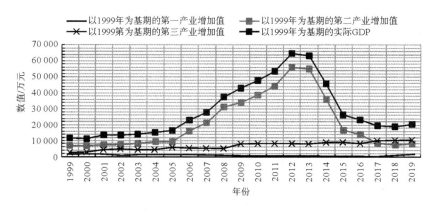

图5.1  1999—2019年甘肃边境地区不变价GDP和三次产业实际增加值

由图5.1可以看到，甘肃边境地区的不变价GDP与其第二产业增加值高度正相关，这说明肃北县的经济发展严重依赖于第二产业的发展，三次产业的结构性矛盾十分突出。这与其资源禀赋和经济发展模式的选择密不可分。兴边富民行动以来，尤其是2005年兴边富民行动纳入国家规划后，围绕打造"西部少数民族地区经济强县"的目标，肃北县的第二产业迎来了蓬勃发展，并分别于2013年和2012年达到了名义和实际GDP的峰值。肃北县地域辽阔，与蒙古国接壤，边界线长65千米[①]，其气候、地形地貌、矿产资源和野生动

① 数据来源：肃北县人民政府网，http://www.subei.gov.cn/SortHtml/1/List_10.html。

物种群丰富，风能、光能和水能资源充沛。肃北县既是传统的农牧业生产县和甘肃省重要的草原畜牧业基地，又是一个矿产资源大县，其优势矿种有黄金、铁、钒、铜、铬、钨、镍、菱镁、铅锌、煤、重晶石等。肃北县的经济发展模式主要以矿业经济为主导，工业结构内部主要是以采掘业为主的原始型工业状态，经济增长方式较为粗放，产业链条延伸度不够，三次产业缺乏协同带动的力量。一方面，矿产资源收入是肃北县的财政支柱，一度占到全县财政收入的90%以上；另一方面，由于矿产品开发尚处在销售原矿和初级粗加工阶段，生态环境极度脆弱。

"十二五"期间，肃北县强化经济发展方式转变的内生动力，加快推进经济发展方式转变和经济结构调整优化，第三产业占比持续增强，投资增速开始回落。2013年后我国经济进入"新常态"，不再以国内生产总值增长率论英雄，并健全了自然资源资产产权制度和用途管制制度，改革了生态环境保护管理体制。肃北县则聚焦产业转型，以提升经济发展水平的质量。主攻新能源产业，构建了黑色金属、有色金属、煤炭、非金属、新能源产业的"五朵金花"工业体系，目前已初步形成以铁、黄金、煤炭开采加工为主的矿山工业和以水力、风能、光能开发为主的工业经济发展格局。与此同时，肃北县围绕产业兴边，大力发展特色优势产业，形成了以矿业经济模式为主导、以特色农业和特色旅游经济为辅助的经济发展模式，引导农牧民发展第二、三产业，并结合退耕还草、易地搬迁、牧民新村工程等引导农牧民在县城定居。肃北县除立足绿色特色农牧业发展基础、着力构建现代农业产业和生产经营体系、提高矿产资源综合利用水平、完善商贸流通网络体系和边境地区的基础设施建设外，还大力培育文化旅游产业，推进肃北县融入大敦煌文化旅游经济圈建设。尽管肃北县目前依然处于产业转型升级的阶段，GDP增速下滑，但第三产业快速发展，基础设施和公共服务水平不断提升，人民生活水平得到显著提高。

### 5.3.2 资本存量的估算

#### 5.3.2.1 资本存量的估算原理及测度方法

资本存量反映了一个地区资本投入的实际情况，在全要素生产率的测算、潜在增长率的估算等方面具有重要的作用。理论上，资本投入是构成生产能力的资本存量，包括提供直接和间接生产的流动资产和固定资产。但由于无法获取连续、完整的流动资产数据，通常选取固定资本存量作为全要素生产率测算中的资本投入指标。与此同时，经济发展成因的新理论认为，用于创新与技术升级的资本投资仍然是拉动经济增长的最重要因素。一个国家向创新型经济发展，不是让 TFP 取代资本投资成为拉动经济增长的主要因素，而是进行基于技术创新的资本投资；不是在现有技术水平上增加资本投资，而是在更高技术水平上增加资本投资。因此，固定资本投资不仅意味着可以在现有的技术与生产率水平上进行增量投资，还意味着可以在创新和升级技术之后的更高生产率水平上增加投资。因此，本书选取资本存量作为全要素生产率测算中的资本投入指标。

目前，资本存量在指标选取和测算方法等方面尚未形成一个完整的体系，测算方法主要分为直接调研法和永续盘存法两大类。直接调研法是一种利用资产负债表、保险价值推算或企业直接获取等进行测算的方法，对数据的完备性和正确性要求严格，在宏观经济核算中该方法所要求的数据完备性难以实现。而永续盘存法（PIM）是一种基于价格指数、当期新增资本、资本折旧率、基期资本存量等综合考量的联动计算方法[1]，该方法于由高德史密斯（Goldsmith，1951）[2] 开创，在价格指数与当期新增资本两个指标的测算方法上争论较少，且所需指标数据具有可获得性，在实际测算中也具有客观性，现已被经济合作与发展组织（OECD）国家广泛采用。

本书采用永续盘存法估算物质资本存量。应用 PIM 进行估算资本存量需要确定资本品的相对效率[3]。资本品的相对效率，理论上是同样数量资本品的生产率随时间降低，直至价值为零被淘汰；与此同时，降低的效率需用新投资进行补偿，即进行资本重置[4]。固定资产折旧代表固定资产通过生产过程被转移到其产出中的价值，原则上应按照固定资产的重置价值计算。因此，应用 PIM 进行估算，通常假定资本品相对效率呈几何递减、资本折旧率与资本的损耗率（重置率）相等且在一定时期内为常数[5]。由此得到资本存量的基本估算公式：

$$K_t = (1 - \delta_t) K_{t-1} + I_t / P_t \qquad (5.11)$$

① 杨汝岱. 中国制造业企业全要素生产率研究 [J]. 经济研究，2015 (2)：61-74.

② GOLDSMITH R W. A perpetual inventory of national wealth（volume 14）[C] //Studies in Income and Wealth. New York：NBER（National Bureau of Economic Research），1951：5-73. http://www. nber. org/chapters/c9716.

③ 郭文，秦建友，曹建海. 中国资本存量测算问题分析 [J]. 上海经济研究，2018 (12)：89-102.

④ 刘新建，陈文强. 中国经济增长核算分析：1978—2018 [J]. 河北大学学报（哲学社会科学版），2020 (6)：70-90.

⑤ 单豪杰. 中国资本存量 K 的再估算：1952—2006 [J]. 数量经济技术经济研究，2008 (10)：17-31.

其中，$K_t$ 和 $K_{t-1}$ 分别是 $t$ 期和 $t-1$ 期的实际资本存量；$\delta$ 为资本折旧率；$I_t$ 为以 $t$ 期价格计算的名义投资流量；$P_t$ 为 $t$ 期的投资平减指数；$I_t/P_t$ 即为 $t$ 期的实际新增资本。从公式（5.11）可知，所需估算内容主要涉及基期资本存量 $K_0$ 的确定、资本折旧率的确定、历年投资流量指标的选取、投资品价格指数的构造以便折算得到不变价格。

### 5.3.2.2　价格指数选择

现有文献关于价格指数指标的计算有线性拟合和其他价格指数替代两种方法，较为常用的是缩减当期投资价格变动的固定资产投资价格指数和 GDP 平减指数。其中，固定资产投资价格指数在 1991 年之后以国家统计局公布的为准，之前的部分并不在本书的讨论范围内；GDP 平减指数则可以从其计算口径、数据可获得性、序列完整性等方面进行计算。一些研究数据表明，固定资产投资价格指数与隐含的固定资本形成价格缩减指数具有高度同质性和相关性①，因此，可以用固定资产投资价格指数来缩减各年份的投资流量数据。但另一些文献则认为，固定资产投资价格指数和 GDP 平减指数在资本存量的测算中差异不大②。本书对固定资产投资总额采用固定资产投资价格指数，对第一产业采用农产品生产者价格指数，对第二产业采用工业生产者出厂价格指数③，并根据公式 $I_t/P_t = I_t^1/P_t^1 + I_t^2/P_t^2 + I_t^3/P_t^3$ 得到第三产业的投资价格指数：

$$P_t^3 = \frac{I_t^3}{I_t/P_t - I_t^1/P_t^1 + I_t^2/P_t^2} \tag{5.12}$$

表 5.2 展示了 2000—2019 年甘肃边境地区价格指数。

表 5.2　2000—2019 年甘肃边境地区价格指数

| 年份 | 固定资产投资价格指数（上年＝100） | 农业生产资料价格指数（上年＝100） | 工业生产者出厂价格指数（上年＝100） | 第三产业价格指数（上年＝100） |
|---|---|---|---|---|
| 2000 | 102.5 | 103.9 | 111.8 | 92.2 |
| 2001 | 102.0 | 98.6 | 101.4 | 104.0 |
| 2002 | 100.2 | 100.4 | 98.4 | 103.9 |

①　王华. 中国 GDP 数据修订与全要素生产率测算：1952—2015 [J]. 经济学动态，2018（8）：41-55.

②　徐生霞，刘强，姜玉英. 全要素生产率与区域经济发展不平衡：基于资本存量再测算的视角. 经济与管理研究，2020（5）：64-78.

③　2011 年以前，工业生产者出厂价格指数为工业品出厂价格指数。

表5.2(续)

| 年份 | 固定资产投资<br>价格指数<br>（上年=100） | 农业生产资料<br>价格指数<br>（上年=100） | 工业生产者<br>出厂价格指数<br>（上年=100） | 第三产业<br>价格指数<br>（上年=100） |
|---|---|---|---|---|
| 2003 | 101.7 | 101.8 | 105.6 | 96.7 |
| 2004 | 105.5 | 107.4 | 112.5 | 43.7 |
| 2005 | 102.2 | 109.0 | 109.9 | 55.1 |
| 2006 | 104.1 | 104.4 | 108.8 | 48.3 |
| 2007 | 102.8 | 107.1 | 104.3 | 89.0 |
| 2008 | 106.7 | 114.7 | 110.2 | 70.3 |
| 2009 | 101.5 | 99.0 | 90.5 | −39.4 |
| 2010 | 103.5 | 101.7 | 114.4 | 70.3 |
| 2011 | 104.7 | 107.6 | 115.1 | 34.7 |
| 2012 | 102.1 | 105.2 | 98.7 | 137.3 |
| 2013 | 100.4 | 102.1 | 97.8 | 108.9 |
| 2014 | 100.1 | 99.0 | 97.6 | 109.6 |
| 2015 | 97.7 | 98.6 | 87.0 | 111.3 |
| 2016 | 98.7 | 99.9 | 94.6 | 101.1 |
| 2017 | 105.9 | 103.7 | 115.5 | 97.9 |
| 2018 | 104.6 | 104.2 | 109.8 | 142.2 |
| 2019 | 102.6 | 101.1 | 99.0 | 135.3 |

数据来源：根据2000—2020年《甘肃发展年鉴》整理计算。

### 5.3.2.3 当期新增资本测算

当期新增资本的测算主要有全社会固定资产投资（完成）额和固定资本形成总额等指标。全社会固定资产投资额是我国投资统计特有的核心指标，于1991年开始公布。2003年分行业的全社会固定资产投资额开始公布，但其与目前的国民经济核算体系（SNA）不相容。一些学者认为，由于固定资本形成总额是不包括存货的投资流量，与经济学研究所指投资更具有一致性，也与国际上通用的固定资产投资指标基本一致，如《OECD资本度量手册》也建议使用固定资本形成总额这一指标作为当年的投资指标①，因此以固定资本形成总额作为测度指标优于全社会固定资产投资②。我国从 2016 年起把原本列入政府消费支出的研发支出改列为固定资本形成。研发支出的资本化虽不会影响 GDP 数值，但会涉及固定资本形成数据的相应修订，会影响到对资本要素的生产率和增长率、产出弹性和全要素生产率等的测算，因此应对 2016 年以前统计数据中的物质资本投入指标进行修订。但鉴于样本地区经济水平总体落后且研发所占比例极低的现实情况，本书不对年鉴中的资本形成数据进行修订，直接采用全社会固定资产投资额作为反映各年份投资流量的指标。其中，固定资产投资额和 2005—2019 年边境地区三次产业的当年投资额从历年《甘肃发展年鉴》中直接得到，2000—2004 年边境地区三次产业的当年投资额则根据年鉴中各地县基本建设投资的三次产业投资比例进行换算。

### 5.3.2.4 资本折旧率的选择和计算

对物质资本折旧率 $\delta$ 的选择和计算方法一直存有争议。由于我国对固定资产进行重估的基础较弱，一些文献直接采取 5%～10% 的固定资产折旧率设定，但该方法易忽略经济发展环境的时间变化和空间差异。一些文献通过资本相对效率与折旧率、残差值率与折旧率的几何关系计算得到折旧率③，但该方法依赖具体资产折旧物的分类与使用年限的假定。另一些文献则依托国民收入关系式，通过投资流量、折旧额、资本价格指数来计算各年资本折旧率④。还有一些文献通过设定生产函数、构建技术进步模型，利用参数估计方法计算不变或可变资本折旧率⑤，但存在一定的模型设定误差与参数估计的随机误差。利用国家统计局已公布的 1987 年、1990 年、1992 年、1995 年、1997 年、2000 年、2002 年、2005 年、2007 年、2010 年、2012 年、2015 年、2017 年的投入产出表，可以计算得到分时段的折旧率。以投入产出表的发布年份作为分界点，令 1999—2000 年这一时段的折旧率为 $\delta^I$，2001—2002 年、2003—2005 年、

---

① OECD. Measuring capital [M]. 2nd Edition. Paris：OECD Publishing，2009：23-80；OECD. Measuring capital：measuring of capital stocks，consumption of fixed capital and capital services [M]. Paris：OECD Publishing，2001：39-61.

② 赵志耕，杨朝峰. 中国全要素生产率的测算与解释：1979—2009 [J]. 财经问题研究，2011 (9)：3-12；李宾. 我国资本存量估算的比较分析 [J]. 数量经济技术经济研究，2011 (12)：21-36，54；陈昌兵. 可变折旧率估计及资本存量测算 [J]. 经济研究，2014 (12)：72-85.

③ 雷辉. 我国资本存量测算及投资效率的研究 [J]. 经济学家，2009 (6)：75-83.

④ 李治国，唐国兴. 资本形成路径与资本存量调整模式：基于中国转型时期的分析 [J]. 经济研究，2003 (2)：34-42，92.

⑤ 陈昌兵. 可变折旧率估计及资本存量测算 [J]. 经济研究，2014 (12)：72-85.

2006—2007 年、2008—2010 年、2010—2012 年、2013—2015 年的折旧率分别为 $\delta^{II} \sim \delta^{VII}$。2016—2019 年的折旧率一致，均为 $\delta^{VIII}$。

由投入产出表可以结算得到上期的资本存量为当期固定资产折旧额与分时段平均折旧率的比值，即：

$$K_{t-1} = \frac{D_t}{\delta_t^T} \qquad (5.13)$$

$$t = 2000；T = \text{I}$$
$$t = 2001，2002；T = \text{II}$$
$$t = 2003，2004，2005；T = \text{III}$$
$$t = 2006，2007；T = \text{IV}$$
$$t = 2008，2009，2010；T = \text{V}$$
$$t = 2011，2012；T = \text{VI}$$
$$t = 2013，2014，2015；T = \text{VII}$$
$$t = 2016，2017，2018，2019，2020；T = \text{VIII}$$

其中，由于甘肃省投入产出表只有 2002 年、2007 年和 2017 年的数据，且边境地区投入产出表并未单独列出，因此本书直接采用刘新建和陈文强（2020）[①]根据我国投入产出表估算得到的分时段折旧率，以近似替代肃北县的折旧率。1999—2019 年分时段资本折旧率如表 5.3 所示。

表 5.3　肃北县分时段资本折旧率（1999—2019 年）

| 时段 | 符号表示 | 折旧率/% | 时段 | 符号表示 | 折旧率/% |
|---|---|---|---|---|---|
| 1999—2000 | $\delta^{\text{I}}$ | 7.251 8 | 2008—2010 | $\delta^{\text{V}}$ | 6.684 9 |
| 2001—2002 | $\delta^{\text{II}}$ | 7.722 6 | 2011—2012 | $\delta^{\text{VI}}$ | 6.013 0 |
| 2003—2005 | $\delta^{\text{III}}$ | 7.546 3 | 2013—2015 | $\delta^{\text{VII}}$ | 4.913 2 |
| 2006—2007 | $\delta^{\text{IV}}$ | 7.458 3 | 2016—2019 | $\delta^{\text{VIII}}$ | 4.765 0 |

数据来源：刘新建，陈文强. 中国经济增长核算分析：1978—2018 [J]. 河北大学学报（哲学社会科学版），2020（6）：76.

#### 5.3.2.5　基年物质资本存量的测算

对基年物质资本存量 $K_0$ 的测算方法目前主要可分为三类：一类是利用资本产出比进行估算，另一类是利用一定比例进行推算，还有一类是利用增长率

---

[①]　刘新建，陈文强. 中国经济增长核算分析：1978—2018 [J]. 河北大学学报（哲学社会科学版），2020（6）：70-90.

法进行估计。目前，一般使用基于增长稳态情况下存量资本增长率与投资增长率相等的增长率法，即 $\Delta K/K = \Delta I/I$。使用投资量的年均增长率 $\bar{g}$ 来替代资本存量的年均增长率，具体计算公式为：

$$K_0 = \frac{I_0}{\bar{g} + \delta} \tag{5.14}$$

其中，$K_0$ 为基年的资本存量，$I_0$ 为基年的实际投资量，$\delta$ 为 $K_{t+1}$ 年的物质资本折旧率，$\bar{g}$ 为投资量在一定时期内的年均增长率。鉴于一些地区在早期年份中经济出现过负增长，目前大多数文献均采用投资增长率的算术平均值来代替其几何平均值。本书也采用投资增长率的算术平均值这一指标。这种方法计算简单，但存在前提条件较为苛刻。Reinsdorf 等（2005）[1] 则使用投资量的年均增长率对基期年的资本存量进行向上调整，得到基于稳态增长的修正的增长率法，具体计算公式为：

$$K_0 = \frac{(1 + \bar{g}) I_0}{\bar{g} + \delta} \tag{5.15}$$

关于基期投资增长率的确定主要有基于 GDP 增长率和固定资产平均增长率这两大类方法。理论和实证均表明，使用永续盘存法时，初始年份资本存量 $K_0$ 仅对最初几期的资本存量估算影响较大。本书使用投资增长率的算术平均值和几何平均值这两个指标分别测算历年的资本存量。结果印证了之前学者的结论，即随着 $K_0$ 的折旧以及后续投资的不断增长，只要时间跨度足够长，基期的物质资本存量取值对后期资本存量的影响并不大[2]。

联立方程（5.13）和方程（5.15），可以得到 $K_0$ 和 $\delta_1^T$，进而得到后续各年的资本存量和平均折旧率。本书根据肃北县历年固定资产投资总额及固定资产投资价格指数，使用上述分时段折旧率，可以得到肃北县基年的资本存量：

$$K_{1999} = \frac{(1 + \bar{g}) I_{1999}}{\bar{g} + \delta_{1999}^I} = \frac{(1 + 26.12\%) \times 5\,285}{26.12\% + 7.25\%} = 22\,027 \text{ 万元（1999 年不变价）}$$

假设基期年各产业资本存量所占的比例为其产值占比且平均折旧率为分时段资本折旧率，则根据基期年的资本存量可以分别推算出三次产业的资本存量分别为 3 406 万元、13 660 万元和 4 962 万元，并进而估算得到后续历年三次

① REINSDORF M, COVER M. Measurement of capital stocks, consumption of fixed capital and capital services: report on a presentation to the central [J]. American Ad Hoc Group on Nation Accounts, 2005.

② BARRO R J, X SALA-I-MARTIN. Economic Growth [M]. 2nd ed. Cambridge & London: MIT Press, 2004: 43-61.

产业的资本存量。基于上述处理和设定，本书使用永续盘存法估算得到2000—2019年甘肃边境地区的物质资本存量数据序列，具体结果见表5.4和图5.2。

表5.4　1999—2019年甘肃边境地区物质资本存量

| 年份 | 固定资产投资总额（当年价） | 其中 | | | 固定资产投资总额（1999年价） | 固定资产实际增长率/% | 物质资本存量总额/万元（1999年价） | 其中 | | | 资本产出比 K/Y |
|---|---|---|---|---|---|---|---|---|---|---|---|
| | | 第一产业/万元 | 第二产业/万元 | 第三产业/万元 | | | | 第一产业/万元 | 第二产业/万元 | 第三产业/万元 | |
| 1999 | 5 828 | / | / | / | 5 828 | / | 22 027 | 3 406 | 13 660 | 4 962 | 1.93 |
| 2000 | 5 791 | 1 115 | 2 602 | 2 074 | 5 650 | -3.06 | 26 079 | 4 232 | 14 997 | 6 851 | 2.33 |
| 2001 | 12 095 | 890 | 7 385 | 3 821 | 11 569 | 104.76 | 35 634 | 4 773 | 20 353 | 10 508 | 2.64 |
| 2002 | 14 239 | 1 046 | 8 718 | 4 475 | 13 592 | 17.49 | 46 474 | 5 421 | 26 596 | 14 457 | 3.48 |
| 2003 | 15 485 | 1 746 | 7 976 | 5 763 | 14 534 | 6.93 | 57 502 | 6 680 | 31 360 | 19 462 | 4.11 |
| 2004 | 17 805 | 3 904 | 13 268 | 633 | 15 841 | 8.99 | 69 003 | 9 647 | 39 005 | 20 350 | 4.55 |
| 2005 | 26 922 | 3 769 | 21 148 | 2 005 | 23 436 | 47.95 | 87 232 | 11 994 | 50 582 | 24 656 | 5.30 |
| 2006 | 42 775 | 2 697 | 38 627 | 1 451 | 35 770 | 52.63 | 116 497 | 13 207 | 71 186 | 32 103 | 5.08 |
| 2007 | 55 225 | 580 | 49 855 | 4 790 | 44 924 | 25.59 | 152 732 | 12 645 | 96 042 | 44 044 | 5.53 |
| 2008 | 88 125 | 4 850 | 77 856 | 5 419 | 67 185 | 49.55 | 209 707 | 14 885 | 132 369 | 62 453 | 5.60 |
| 2009 | 130 160 | 182 | 125 707 | 4 271 | 97 766 | 45.52 | 293 454 | 14 007 | 199 786 | 79 661 | 6.85 |
| 2010 | 170 346 | 8 242 | 135 182 | 26 922 | 123 624 | 26.45 | 397 461 | 18 278 | 258 121 | 121 062 | 8.33 |
| 2011 | 237 444 | 7 695 | 219 785 | 9 964 | 164 583 | 33.13 | 538 144 | 21 697 | 343 866 | 172 581 | 10.11 |
| 2012 | 434 338 | 11 388 | 373 984 | 48 966 | 294 866 | 79.16 | 800 651 | 26 749 | 497 772 | 276 130 | 12.39 |
| 2013 | 558 091 | 12 665 | 408 610 | 136 816 | 377 371 | 27.98 | 1 138 684 | 32 359 | 668 354 | 437 972 | 18.04 |
| 2014 | 748 299 | 29 044 | 551 996 | 167 259 | 505 480 | 33.95 | 1 588 219 | 46 807 | 905 474 | 635 938 | 34.96 |
| 2015 | 836 000 | 22 570 | 406 505 | 406 925 | 578 017 | 14.35 | 2 088 204 | 57 147 | 1 089 498 | 941 559 | 79.69 |
| 2016 | 705 453 | 24 025 | 242 644 | 438 784 | 494 180 | -14.50 | 2 482 881 | 67 893 | 1 181 768 | 1 233 221 | 107.25 |
| 2017 | 308 138 | 16 815 | 146 686 | 144 637 | 203 829 | -58.75 | 2 568 401 | 73 748 | 1 200 924 | 1 293 730 | 132.07 |
| 2018 | 337 688 | 647 | 252 681 | 130 954 | 213 553 | 4.77 | 2 659 570 | 70 570 | 1 262 096 | 1 326 904 | 141.39 |
| 2019 | 413 871 | 4 273 | 262 182 | 181 804 | 255 098 | 19.45 | 2 787 940 | 69 400 | 1 326 046 | 1 392 494 | 138.75 |

数据来源：根据2000—2020年《甘肃发展年鉴》相关数据计算。

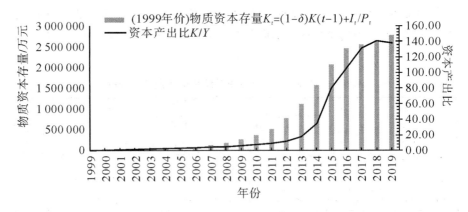

**图 5.2　1999—2019 年甘肃边境地区物质资本存量和资本产出比**

由表 5.4 可知，兴边富民行动以来，除 2000 年、2016 年和 2017 年投资增速为负外，甘肃边境地区全社会固定资产投资力度持续加大，年均增长率达到了 26.12%，并在 2015 年达到峰值。由于新增投资远超资本折旧，物质资本存量不断增大，从 1999 年的 22 027 万元增长至 2019 年的 2 787 940 万元（不变价），20 年间增长了近 127 倍，年均增长率达 27.38%。在此区间内，物质资本存量与经济产出规模 GDP 的比值（资本产出比）也呈现出长期上升的态势。1999 年肃北县的资本产出比仅为 1.93，2010 年肃北县的资本产出比已增长为 8.33，至 2015 年年末已攀升至 79.69。随着我国经济进入新常态，肃北县也转换了生产动能，主攻资本密集型的新能源产业和矿山工业，其资本产出比继续攀升，资本深化过程不断推进，劳动人均资本快速增长。2019 年其资本产出比达到了 138.75。资本产出比的不断提高，意味着经济系统获得相同的单位产出需要投入更多的资本量。这既有甘肃边境地区资本深化过程不断加强的原因，也与肃北县劳动力增长缓慢、人力资本提升、以矿业经济为主导的第二产业就业吸纳能力不足有关，2019 年第二产业从业人员数已减少至 1 836 人。当然这还意味着技术水平和制度安排还可优化以进一步节约物质资本。

### 5.3.3　劳动投入指标选取

现有文献对劳动投入指标的选取主要基于劳动投入的数量和质量这两种情况进行考虑。理论上说，劳动投入是生产过程中实际投入的劳动量，应用标准劳动强度的劳动时间来衡量。国外文献也通常使用工作小时数作为劳动投入的数量。尽管我国劳动力调查数据中提供了不同时期按年龄、户口、受教育程度、行业、性别等就业人员的工作时间构成，但此项指标并没有具体到相关县市的情况，因此可以直接使用劳动力人数予以替代。对劳动投入质量的情况，则是利用分行业劳动者平均受教育年限并结合各行业从业人员占比以及劳动者报酬等多种变量指标来测算有效劳动。

基于劳动统计数据的准确性、完备性和相对有效性，本书选取历年全体就业人员数量和三次产业的就业人数作为劳动投入指标来反映劳动投入情况。就业人员数均为历年年末总就业人数和按三次产业划分的就业人员年底人数。其中，2005 年及以后，就业人员按常住人口口径统计。鉴于数据的可得性，本书根据历年《甘肃发展年鉴》和《中国县域统计年鉴》中公布的肃北县年末单位从业人员数、乡村从业人员数、常住人口抚养比（2010 年为 19.20%）、三次产业从业人员年末数，确定和估算总就业人数和三次产业就业人数。针对总就业人数，2001—2009 年采用肃北县年末单位从业人员数和肃北县乡村从业人员数之和，数据缺失年份采用前后两年的算术平均数，其中 1999 年和2000 年数据均采用后两期数据的算术平均数；2010—2012 年使用常住人口抚养比按 19.20% 进行计算；2013—2019 年利用三次产业就业人数进行加总。针对第一产业从业人员数，2000—2012 年直接使用肃北县乡村从业人员数进行替代，2016 年、2018 年和 2019 年直接采用年鉴数据，2017 年使用 2016 年和2018 年的平均数予以替代，2013—2015 年使用总就业人数减去第二、三产业从业人员数。图 5.3 展示了 2000—2019 年甘肃边境地区就业人员年底数。

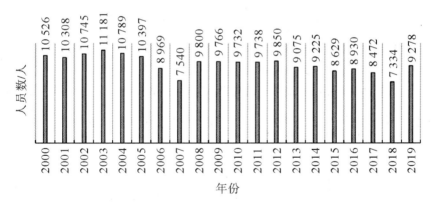

图 5.3　2000—2019 年甘肃边境地区就业人员年底数

### 5.3.4　要素的产出弹性和边际产出测度

在全要素生产率的具体分解中，需要对生产要素的产出弹性进行估算。对生产要素产出弹性的测度，既可以使用总量经济与三次产业数据对生产函数进行拟合回归,得到资本和劳动等要素的产出弹性和边际产出情况;也可以基于新古典分配理论中要素的边际产出等于要素的实际价格这一隐含假设,通过测算资本要素收入和劳动要素收入分别占总产出的比例来确定。因此,在进行劳动和资本产出弹性的参数估计之前,首先要确定生产函数的具体形式。已有文献中使用较多的是超越对数生产函数和科布—道格拉斯(C—D)生产函数。设超越对数生产函数为:

$$\ln Y_t = \beta_0 + \beta_K \ln K_t + \beta_L \ln L_t + \frac{1}{2}\beta_{KK}(\ln K_t)^2 + \frac{1}{2}\beta_{LL}(\ln L_t)^2 + \beta_{KL}\ln K_t \cdot \ln L_t$$

$$(5.16)$$

对上式进行回归分析,可以得到:

$$\ln Y_t = \beta_0 + \beta_K \ln K_t + \beta_L \ln L_t + \frac{1}{2}\beta_{KK}(\ln K_t)^2 + \frac{1}{2}\beta_{LL}(\ln L_t)^2 + \beta_{KL}\ln K_t \cdot \ln L_t + \varepsilon_t$$

其中,$Y$、$K$ 和 $L$ 分别为产出、资本和劳动,$\beta_i$ 是参数估算系数,$\varepsilon_t$ 是包含不同行业差异和随时间变化的效应以及其他干扰项之和。由 Christensen、Jorgenson 和 Lau 于 1973 年提出的超越对数生产函数因具有易估计和包容性强的特性不受替代弹性不变假设的约束,又加入了变量的平方项和交互项,通常能够捕获到估计系数更多的时变信息和特征,更具有一般性,在 TFP 研究中使用较多。其资本和劳动的投入产出弹性会随时间而变动,计算公式分别为:

$$\alpha = \frac{\mathrm{d}Y/Y}{\mathrm{d}K/K} = \frac{\mathrm{d}\ln Y_t}{\mathrm{d}\ln K_t} = \beta_K + \beta_{KK}\ln K_t + \beta_{KL}\ln L_t$$

$$\beta = \frac{\mathrm{d}Y/Y}{\mathrm{d}L/L} = \frac{\mathrm{d}\ln Y_t}{\mathrm{d}\ln L_t} = \beta_L + \beta_{LL}\ln L_t + \beta_{KL}\ln K_t \qquad (5.17)$$

由于前述要素规模报酬不变的假设,即 $\alpha + \beta = 1$,因此需对 $\alpha$ 和 $\beta$ 做正则化处理,$\hat{\alpha} = \frac{\alpha}{\alpha + \beta}$,$\hat{\beta} = \frac{\beta}{\alpha + \beta}$。也可在规模报酬不变的条件下,简化式 (5.16),得:

$$\ln\left(\frac{Y_t}{L_t}\right) = \beta_0 + \beta_K \ln\left(\frac{K_t}{L_t}\right) + \frac{1}{2}\beta_{KK}\left[\ln\left(\frac{K_t}{L_t}\right)\right]^2 \qquad (5.18)$$

得 $\alpha_t = \beta_K + \beta_{KK}\ln\dfrac{K_t}{L_t}$,$\beta_t = 1 - \alpha_t$。

若为 C—D 生产函数,则资本的产出弹性为 $\alpha = \beta_K$,劳动的产出弹性 $\beta = \beta_L$,要素的替代弹性即在技术水平和投入价格不变的条件下,资本和劳动两种要素的比例变化率与边际替代率之比 $\sigma$。$\sigma = \mathrm{d}\ln\left(\dfrac{K}{L}\right) / \mathrm{d}\ln\left(\dfrac{\mathrm{MPL}}{\mathrm{MPK}}\right)$,恒等于

1。由于要素规模报酬不变的假设，得 $\beta = 1 - \alpha$。C—D 生产函数的主要问题在于各年份的要素份额为常数，这与现实有出入；要素间可以进行有限替代（ $\alpha > 0$ ），这一假定虽符合基本的经济事实，但是在许多地区和行业的要素替代弹性并不相同，且各要素的技术进步各不相同。

鉴于数据获取的现实条件，本书选取 2000—2019 年的固定资产投资额、年末从业人员数，利用 C—D 生产函数和超越对数生产函数分别对资本弹性和劳动弹性进行估算。 $\alpha = \dfrac{\partial F(K, L) / F(K, L)}{\partial K / K} = \dfrac{f_K \cdot K}{Y}$ , $\beta = \dfrac{\partial F(K, L) / F(K, L)}{\partial L / L} = \dfrac{f_L \cdot L}{Y}$ ，隐含了完全竞争市场下要素的边际产出等于边际收益的假设。由于资本要素的边际产出为 $\mathrm{MPK} = f_K = \alpha \cdot Y / K$ ，劳动要素的边际产出为 $\mathrm{MPL} = f_L = \beta \cdot Y / L$ ，短期内资本产出比和劳动产出比是稳定的，由此也可以得到其边际产出变化。

# 5.4 测算结果与分析

## 5.4.1 模型估计结果

本书通过前述讨论的 TFP 测算模型式（5.4）和式（5.10），利用 2000—2019 年甘肃边境地区的资产存量和年末从业人员数等指标进行回归分析，得到模型估计结果（如表 5.5 所示）。

表 5.5 甘肃边境地区生产函数估计结果

|  | C—D 生产函数估计结果 | 超越对数生产函数估计结果 |
|---|---|---|
| 常数项 | 0.258 070<br>(0.264 627) | −1.615 567 \*\*\*<br>(0.299 256) |
| ln（K/L） | 0.205 866 \*\*\*<br>(0.066 942) | 1.564 902 \*\*\*<br>(0.195 913) |
| 1/2·［ln（K/L）］² | — | −0.384 642 \*\*\*<br>(0.054 568) |
| $R^2$ | 0.344 441 | 0.832 883 |
| 调整的 $R^2$ | 0.308 021 | 0.813 222 |
| F 统计量 | 9.457 482 | 42.362 61 |
| D—W 统计量 | 0.189 582 | 0.526 171 |

注：括号中数值为回归估计的标准差，\*\*\*、\*\* 和 \* 分别表示 $p < 0.01$、$p < 0.05$ 和 $p < 0.1$。

基于上表的模型估算结果，可以得到 2000—2019 年基于 C—D 生产函数的物质资本要素和劳动要素的产出弹性分别为 $\alpha = 0.205\,87$ 和 $\beta = 0.794\,13$。而 2000—2019 年，超越对数生产函数的资本产出弹性 $\alpha = 1.564\,901\,720\,26 - 0.384\,642\,186\,171 \cdot \ln(K/L)$，劳动产出弹性 $\beta = 1 - \alpha$，具体数值详见表 5.6。由此可得，C—D 生产函数为 $Y = 1.294\,429 \cdot K^{0.205\,866} L^{0.794\,134}$；超越对数生产函数式为 $Y = 0.198778 \cdot K^\alpha L^\beta$，其中 $\alpha = 1.564\,901\,720\,26 - 0.384\,642\,186\,171 \cdot \ln(K/L)$。

表 5.6　2000—2019 年甘肃边境地区超越对数生产函数各要素产出弹性

| 年份 | 资本产出弹性 α | 劳动产出弹性 β | 年份 | 资本产出弹性 α | 劳动产出弹性 β |
|---|---|---|---|---|---|
| 2000 | 1.215 92 | −0.215 9 | 2010 | 0.138 | 0.862 |
| 2001 | 1.087 8 | −0.087 8 | 2011 | 0.021 68 | 0.978 32 |
| 2002 | 1.001 61 | −0.001 6 | 2012 | −0.126 7 | 1.126 74 |
| 2003 | 0.935 01 | 0.064 99 | 2013 | −0.293 7 | 1.293 73 |
| 2004 | 0.851 15 | 0.148 85 | 2014 | −0.415 4 | 1.415 41 |
| 2005 | 0.746 75 | 0.253 25 | 2015 | −0.546 4 | 1.546 37 |
| 2006 | 0.578 64 | 0.421 36 | 2016 | −0.599 8 | 1.599 77 |
| 2007 | 0.407 72 | 0.592 28 | 2017 | −0.633 | 1.633 05 |
| 2008 | 0.386 62 | 0.613 38 | 2018 | −0.701 9 | 1.701 95 |
| 2009 | 0.256 04 | 0.743 96 | 2019 | −0.629 6 | 1.629 64 |

从表 5.6 可以看出：一是资本产出弹性 α 逐年下降，并于 2012 年以后进入负值；二是劳动产出弹性 β 自 2003 年后进入正值，且出现逐年递增的特征。随着资本的边际产出逐年下降，尤其是在 2012 年进入负值后，继续增加资本投入，产出会不升反降。这说明，在甘肃边境地区经济发展的过程中，以投资拉动经济增长的模式有效性不断减弱，未来的发展应通过优化产业结构、转变经济增长方式、构建服务型政府等多种方式形成新的增长动能，应更加注重科技进步、人力资本和制度安排在经济发展中的作用。甘肃边境地区的劳动弹性系数在兴边富民行动初始几年为负，主要归因于其第一产业存在着剩余劳动力。随着义务教育的普及强化和职业教育的长效发展，肃北县的人力资本素质得以提升，劳动要素的边际收益也实现逐年递增。与此同时，2003 年我国颁布了《最低工资规定》，劳动产出份额在总产出的占比也越来越高。

进一步，可以计算得到第一产业的生产函数估算结果。由于甘肃边境地区第二、三产业从业人员数仅从 2013 年才开始公布，因此本书直接使用第二和第三产业的总和就业人数进行回归计算。模型克服了多重共线性，各时间序列平稳。表 5.7 展示了第一产业和第二、三产业的生产函数估计结果。

表 5.7　甘肃边境地区第一产业和第二、三产业的生产函数估计结果

| 第一产业 | C—D<br>生产函数<br>估计结果 | 超越对数<br>生产函数<br>估计结果 | 第二、三产业 | C—D<br>生产函数<br>估计结果 | 超越对数<br>生产函数<br>估计结果 |
|---|---|---|---|---|---|
| 常数项 | -0.872 933 ***<br>(0.144 313) | -0.500 169 ***<br>(0.171 931) | 常数项 | -0.000 854<br>(0.167 911) | -1.270 855 ***<br>(0.209 935) |
| $\ln (K/L)$ | -0.279 155 ***<br>(0.078 714) | -0.996 282 ***<br>(0.244 880) | $\ln (K/L)$ | 0.510 518 ***<br>(0.038 074) | 1.312 600 ***<br>(0.121 379) |
| $1/2 \cdot [\ln (K/L)]^2$ | — | 0.445 082 ***<br>(0.146 405) | $1/2 \cdot [\ln (K/L)]^2$ | — | -0.202 573 ***<br>(0.030 214) |
| $R^2$ | 0.398 300 | 0.602 430 | $R^2$ | 0.908 994 | 0.975 027 |
| 调整的 $R^2$ | 0.366 631 | 0.558 255 | 调整的 $R^2$ | 0.903 938 | 0.972 089 |
| $F$ 统计量 | 12.577 19 | 13.637 52 | $F$ 统计量 | 179.789 5 | 331.871 2 |
| D—W 统计量 | 0.452 922 | 0.614 426 | D—W 统计量 | 0.214 539 | 0.708 911 |

注：括号中数值为回归估计的标准差，***、\*\* 和 \* 分别表示 $p<0.01$、$p<0.05$ 和 $p<0.1$。

基于表 5.7 的模型估算结果，可以得到 2000—2019 年基于 C—D 生产函数的第一产业物质资本要素和劳动要素的产出弹性分别为 $\alpha_1 = 0.279\ 155$ 和 $\beta_1 = 1.279\ 155$，其生产函数为 $Y = 0.417\ 725 \cdot K^{-0.279\ 155} L^{1.279\ 155}$；基于超越对数生产函数的第一产业资本产出弹性 $\alpha_1 = -0.996\ 282 + 0.445\ 082 \cdot \ln(K/L)$，劳动产出弹性 $\beta_1 = 1 - \alpha_1$，其生产函数为 $Y = 0.606428 \cdot K^{\alpha_1} L^{\beta_1}$。而基于 C—D 生产函数的第二、三产业物质资本要素和劳动要素的产出弹性分别为 $\alpha_{23} = 0.510\ 518$ 和 $\beta_{23} = 0.489\ 482$，其生产函数为 $Y = 0.999\ 346 \cdot K^{0.510\ 518} L^{0.489\ 482}$；基于超越对数生产函数的第二、三次产业资本产出弹性 $\alpha_{23} = 1.312\ 600 - 0.202573 \cdot \ln(K/L)$，劳动产出弹性 $\beta_{23} = 1 - \alpha_{23}$，其生产函数式为 $Y = 0.280\ 591 \cdot K^{\alpha_{23}} L^{\beta_{23}}$。表 5.8 展示了 2000—2019 年第一产业和第二、三产业资本和劳动的产出弹性。

表 5.8　2000—2019 年甘肃边境地区第一产业和第二、三产业
（超越对数生产函数）各要素产出弹性

| 年份 | 资本<br>产出<br>弹性<br>$\alpha_1$ | 劳动<br>产出<br>弹性<br>$\beta_1$ | 资本<br>产出<br>弹性<br>$\alpha_{23}$ | 劳动<br>产出<br>弹性<br>$\beta_{23}$ | 年份 | 资本<br>产出<br>弹性<br>$\alpha_1$ | 劳动<br>产出<br>弹性<br>$\beta_1$ | 资本<br>产出<br>弹性<br>$\alpha_{23}$ | 劳动<br>产出<br>弹性<br>$\beta_{23}$ |
|---|---|---|---|---|---|---|---|---|---|
| 2000 | -0.907 9 | 1.907 92 | 1.083 646 | -0.084 | 2010 | -0.254 3 | 1.254 32 | 0.481 952 | 0.518 |

表5.8(续)

| 年份 | 资本产出弹性 $\alpha_1$ | 劳动产出弹性 $\beta_1$ | 资本产出弹性 $\alpha_{23}$ | 劳动产出弹性 $\beta_{23}$ | 年份 | 资本产出弹性 $\alpha_1$ | 劳动产出弹性 $\beta_1$ | 资本产出弹性 $\alpha_{23}$ | 劳动产出弹性 $\beta_{23}$ |
|---|---|---|---|---|---|---|---|---|---|
| 2001 | −0.856 8 | 1.856 81 | 1.006 759 | −0.007 | 2011 | −0.180 2 | 1.180 18 | 0.419 011 | 0.581 |
| 2002 | −0.801 6 | 1.801 55 | 0.961 227 | 0.038 8 | 2012 | −0.161 5 | 1.161 53 | 0.319 538 | 0.680 5 |
| 2003 | −0.764 9 | 1.764 91 | 0.916 975 | 0.083 | 2013 | −0.135 1 | 1.135 1 | 0.192 986 | 0.807 |
| 2004 | −0.626 7 | 1.626 7 | 0.867 164 | 0.132 8 | 2014 | 0.015 04 | 0.984 96 | 0.125 756 | 0.874 2 |
| 2005 | −0.532 9 | 1.532 94 | 0.805 711 | 0.194 3 | 2015 | 0.177 33 | 0.822 67 | 0.076 131 | 0.923 9 |
| 2006 | −0.423 5 | 1.423 53 | 0.711 833 | 0.288 2 | 2016 | 0.229 77 | 0.770 23 | 0.044 246 | 0.955 8 |
| 2007 | −0.429 6 | 1.429 63 | 0.592 258 | 0.407 7 | 2017 | 0.327 56 | 0.672 44 | 0.041 804 | 0.958 2 |
| 2008 | −0.397 5 | 1.397 52 | 0.604 964 | 0.395 | 2018 | 0.378 62 | 0.621 38 | 0.007 388 | 0.992 6 |
| 2009 | −0.352 9 | 1.352 86 | 0.549 659 | 0.450 3 | 2019 | 0.378 58 | 0.621 42 | 0.077 558 | 0.922 4 |

从表5.8可以看出，第一产业的资本产出弹性 $\alpha_1$ 呈现逐年上升的趋势，并于2014年起步入正值，这说明规模化的农业生产经营模式和对农机的升级改造对经济发展的作用正逐步显现，对农牧业的投资能有效地拉动第一产业的经济增长；而其劳动产出弹性 $\beta_1$ 则出现逐年递减的特征，农机技术人员对第一产业的作用正在逐步减弱。与第一产业相反，第二、三产业的总和资本产出弹性 $\alpha_{23}$ 呈现出逐年递减的特征，表明投资对经济增长的拉动作用逐步减弱；但2019年大幅提升，这可能是因为肃北县基础设施的改善和产业结构升级转型后初步显现的效果。而第二、三产业的总和劳动产出弹性 $\beta_{23}$ 则呈现出逐年递增的趋势，这得益于人力资本素质的提升尤其是职业教育的发展对劳动要素边际产出的提升。

### 5.4.2 要素的边际产出效率

由表5.2和表5.8可以得到生产要素的产出弹性，进而可以估算出基于不同生产函数的资本要素和劳动要素的边际产出情况。

图5.4显示了基于C—D生产函数和超越对数生产函数的甘肃边境地区资本要素边际产出率的变化过程。可以看到，两种函数下甘肃边境地区的资本边际产出率总体平稳且均处于下降趋势，新增一单位资本投入所带来的边际产出不断减少，也就是说为获得相同的单位产出需要投入更多的资本。由于资本要素在产出中的贡献份额 $\alpha = \dfrac{\partial Y/Y}{\partial K/K} = \dfrac{\mathrm{MPK} \cdot K}{Y} = \dfrac{f_K \cdot K}{Y}$ ，因此资本要素的边际产出（MPK或 $f_K$ ）和资本产出比（K/L）负相关。

图 5.4 和图 5.2 显示了甘肃边境地区资本要素边际产出效率逐年下降而资本产出比持续攀升的过程。2012 年以后,基于超越对数生产函数的资本边际产出率已然降为负值,这意味着产出随着资本投入的增加不升反降。高投资增长促进了资本积累,进而促进了 GDP 增长。当投资增长率大大高于经济增长率时,不仅不能产生良好的投资效应,而且在资本不断深化的过程中会大幅降低资本生产率,导致资本边际产出步入负值通道。可见,以投资拉动经济增长的发展模式不具有可持续性,过度建设和产能过剩会拖累经济增长,甘肃边境地区亟须形成新的经济增长动能。一方面,可以通过优化产业结构、转变经济增长方式来形成新的生产函数;另一方面,可以通过提升技术水平和人力资本素质、实施占优的制度安排来提升全要素生产率。

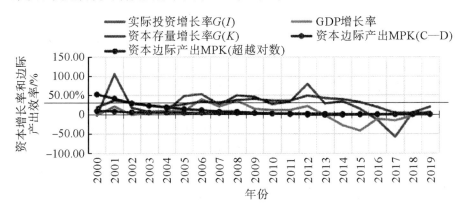

图 5.4　2000—2019 年甘肃边境地区资本增长率和边际产出效率的变化

图 5.5 则显示了两种生产函数下劳动要素的边际产出效率的变化过程。两者的总体趋势相同并均在 2013 年达到峰值,其中基于 C—D 生产函数的劳动边际产出效率变化更为温和。由于劳动要素在产出中的贡献份额 $\beta = \dfrac{\partial Y/Y}{\partial L/L} = \dfrac{\text{MPL} \cdot L}{Y} = \dfrac{f_L \cdot L}{Y}$,因此劳动要素的边际产出（MPL 或 $f_L$）和劳动产出比（$L/Y$）负相关。由于甘肃边境地区就业人员年底数总体稳定,因此,劳动要素的边际产出主要与实际 GDP 负相关。由图 5.2 可知,甘肃边境地区的实际 GDP 和第二产业增加值高度相关,因此,甘肃边境地区劳动要素的边际产出率也严重依赖第二产业的发展。2013 年前,高投资率导致了经济的高增长率,劳动要素的边际产出效率也一直处于增长态势;但 2013 年后,劳动的边际产出率伴随实际 GDP 和第二产业增加值的回落而迅速下跌,并从 2017 年开始进入震

荡区间。

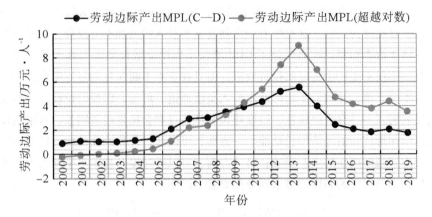

**图 5.5　2000—2019 年甘肃边境地区三次产业劳动要素的边际产出效率变化**

由此可见，与甘肃边境地区三次产业结构性矛盾相伴的是其劳动要素配置在三次产业间的明显分化。一方面，作为传统农牧业基地，肃北县第一产业的从业人员数和劳动边际产出效率总体稳定。另一方面，作为以矿业经济为主导的矿产资源大县，其第二产业的劳动生产率远高于第一和第三产业。但肃北县的生态环境脆弱，依靠矿山采掘为主的粗放型发展模式并不能实现绿色和可持续发展，其第二产业内部也尚未形成完整的精炼和深加工体系，产品附加值低，第二产业并不能吸纳大量劳动力转移人口。2013 年以来，肃北县开始聚焦产业转型以增加经济发展的内生动力，在推进供给侧结构性改革的过程中构建新型工业经济发展格局，第二产业从业人员数则从 2013 年的 2 047 人减少至 2019 年的 1 836 人，劳动的边际产出效率在 2013—2016 年大幅下降后趋于平稳。近年来，肃北县探索推动特色旅游经济，积极发展第三产业，第三产业从业人员年末数已从 2013 年的 2 354 人攀升至 2019 年的 4 281 人，比 2018 年增长了 1 800 余人。

### 5.4.3　TFP 测算结果及作用分析

基于模型估算结果，利用式（5.6）可以计算得到 2000—2019 年实际 GDP 增长率 $G(Y)$、资本要素增长率 $G(K)$、劳动要素增长率 $G(L)$ 和 TFP 增长率 $G(A)$，以及各要素对经济增长的贡献率（如表 5.9 所示）。其中，资本要素、劳动要素和全要素生产率对经济增长的贡献率分别为 $E_K = \alpha \cdot (\Delta K/K)/(\Delta L/L)$、$E_L = \beta \cdot (\Delta L/L)/(\Delta Y/Y)$ 和 $E_L = \beta \cdot (\Delta L/L)/(\Delta Y/Y)$。根据计算结果可以绘制甘肃边境地区实际 GDP 增长率和 TFP 增长率图，也可以绘制资本要素 K、劳动要素 L 和全要素生产率 TFP 对经济增长的贡献情况图。

表 5.9　2000—2019 年甘肃边境地区全要素生产率增长率及要素对经济增长的贡献率

单位:%

| 年份 | 经济增长率 G (Y) | 资本增长率 G (K) | 劳动增长率 G (L) | C—D 生产函数 | | | | 超越对数生产函数 | | | |
|---|---|---|---|---|---|---|---|---|---|---|---|
| | | | | TFP增长率 G (A) | TFP贡献率 $E_A$ | 资本贡献率 $E_K$ | 劳动贡献率 $E_L$ | TFP增长率 G (A) | TFP贡献率 $E_A$ | 资本贡献率 $E_K$ | 劳动贡献率 $E_L$ |
| 2000 | −1.82 | 18.40 | 1.05 | −6.44 | 354.29 | −208.49 | −45.8 | −23.96 | 1 318.96 | −1 231.41 | 12.45 |
| 2001 | 20.85 | 36.64 | −2.07 | 14.95 | 71.72 | 36.17 | −7.90 | −19.19 | −92.02 | 191.15 | 0.87 |
| 2002 | −1.24 | 30.42 | 4.23 | −10.87 | 874.73 | −504.06 | −270.67 | −31.71 | 2 551.88 | −2 452.42 | 0.55 |
| 2003 | 4.75 | 23.73 | 4.06 | −3.36 | −70.85 | 102.89 | 67.95 | −17.70 | −372.89 | 467.33 | 5.56 |
| 2004 | 8.52 | 20.00 | −3.51 | 7.19 | 84.35 | 48.32 | −32.67 | −7.98 | −93.65 | 199.77 | −6.12 |
| 2005 | 8.35 | 26.42 | −3.63 | 5.80 | 69.43 | 65.11 | −34.54 | −10.45 | −125.15 | 236.17 | −11.02 |
| 2006 | 39.39 | 33.55 | −13.74 | 43.40 | 110.17 | 17.53 | −27.70 | 25.77 | 65.41 | 49.29 | −14.70 |
| 2007 | 20.49 | 31.10 | −15.93 | 26.74 | 130.48 | 31.25 | −61.73 | 17.24 | 84.15 | 61.89 | −46.04 |
| 2008 | 35.51 | 37.30 | 29.97 | 4.03 | 11.34 | 21.63 | 67.03 | 2.70 | 7.61 | 40.61 | 51.77 |
| 2009 | 14.45 | 39.94 | −0.35 | 6.51 | 45.04 | 56.88 | −1.92 | 4.49 | 31.06 | 70.74 | −1.80 |
| 2010 | 11.40 | 35.44 | −0.35 | 4.39 | 38.46 | 63.98 | −2.44 | 6.81 | 59.76 | 42.89 | −2.65 |
| 2011 | 11.55 | 35.40 | 0.07 | 4.21 | 36.44 | 63.09 | 0.47 | 10.71 | 92.77 | 6.64 | 0.58 |
| 2012 | 21.38 | 48.78 | 1.15 | 10.43 | 48.78 | 46.97 | 4.26 | 26.27 | 122.88 | −28.92 | 6.04 |
| 2013 | −2.33 | 42.22 | −7.87 | −4.77 | 205.05 | −373.49 | 268.44 | 20.25 | −870.22 | 532.90 | 437.32 |
| 2014 | −28.04 | 39.48 | 1.65 | −37.48 | 133.67 | −28.98 | −4.68 | −13.98 | 49.86 | 58.49 | −8.34 |
| 2015 | −42.32 | 31.48 | −6.46 | −43.67 | 103.19 | −15.32 | 12.12 | −15.12 | 35.74 | 40.65 | 23.61 |
| 2016 | −11.65 | 18.90 | 3.49 | −18.31 | 157.17 | −33.39 | −23.78 | −5.90 | 50.60 | 97.29 | −47.87 |
| 2017 | −16.00 | 3.44 | −5.13 | −12.63 | 78.97 | −4.43 | 25.46 | −5.44 | 34.01 | 13.63 | 52.36 |
| 2018 | −3.28 | 3.55 | −13.43 | 6.66 | −203.35 | −22.31 | 325.66 | 22.08 | −674.00 | 76.07 | 697.94 |
| 2019 | 6.83 | 4.83 | 26.51 | −15.22 | −222.96 | 14.56 | 308.41 | −33.33 | −488.35 | −44.53 | 632.88 |

### 5.4.3.1　TFP 增长率分析

TFP 是衡量经济长期活力的重要指标。如图 5.6 所示，生产函数的选择对 TFP 增长率序列的影响不大。选择两种生产函数测算出的 TFP 增长率序列均表现出因时而变的阶段性波动特征，且与实际 GDP 增长率序列的变化趋势大体一致，仅在个别年份（2008 年和 2019 年）发生了较大偏离。但无法判断 GDP 增长率和 TFP 增长率二者间的因果关系，即不能确定是生产的扩张推动了全要素生产率的增长，还是生产率的提高导致了产出的增加。

从图 5.6 中可以看到，TFP 对经济增长的贡献日益增大。基于 C—D 生产函数的 TFP 增长率在 2006 年、2007 年、2017 年和 2018 年均出现了超过实际 GDP 增长率的情况。基于超越对数生产函数的 TFP 增长率在 2012—2018 年也均超过了实际 GDP 的增长率。这可能归因于在此期间伴随落后产能淘汰过程中的投资增速跌落，资本存量增速快速下滑，GDP 增长率也因此步入负值区间。2013 年以后，TFP 增长率转向负值，也拖累了经济增长，经济增长率的下滑主要是源于 TFP 增长率的下滑。2018 年以来，国内外大宗商品原材料价格上涨，对工业结构内部以采掘业为主的肃北县经济是一种拉动，TFP 增长率和 GDP 增长率则发生了明显背离。

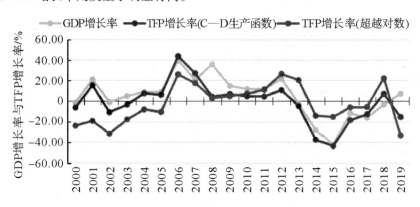

**图 5.6　2000—2019 年甘肃边境地区 GDP 增长率与 TFP 增长率的变化**

GDP 增长主要依赖劳动要素的平稳增长，包括投资和折旧的资本存量增加，包含要素质量、制度变动等因素在内的全要素生产率的提升以及各要素的产出效率提升。TFP 增长能有效克服劳动和资本增加带来的规模报酬递减问题。结合图 5.8 可知，开展兴边富民行动以来，甘肃边境地区全社会固定资产投资力度持续加大，新增投资远超资本折旧，物质资本存量不断增大。与此同时，甘肃边境地区就业人员数量总体稳定，伴随人力资本数量的提升，劳动要素对经济增长的贡献率持续增长，资本要素的边际产出效率则逐步下降。根据模型测算出来的 TFP 增长率可以估算出肃北县 2000—2019 年 TFP 平均增长率为-0.92%（C—D 生产函数）和-2.42%（超越对数生产函数）。总体来看，全要素生产率对甘肃边境地区经济增长并未起到显著的促进作用。

一个可能的原因是，以矿业经济为支柱的肃北县近年来的工业技术并未实现有效更新和改造，存在过剩产能和库存现象，这不仅制约了经济的增长而且导致了资本密集型产业继续计提大量折旧，进而推升资本存量及其对经济增长的贡献率。尤其是党的十八大以前，甘肃边境地区的经济增长主要依赖大量资本的投入，经济增长以粗放型为主。党的十八大以来，甘肃边境地区积极去产能、去库存、调结构，资本存量增速的快速下滑伴随着资本贡献率的显著下降。尽管 TFP 增长率依然处于较低水平，但上行趋势明显。另一个可能的原因是，产业间和产业内部缺乏协同带动的力量，作为主导产业的矿业经济未能实现产业集群和集聚效应，主导产业处于产业链下游。还有一个可能的原因是未实现占优的制度安排，政府的工作效率和公共产品提供的质量、数量需继续提升，技术变迁的激励机制受限，市场机制活力等仍待激发，等等。

### 5.4.3.2 TFP 贡献率分析

TFP 增长率对经济的贡献率是企业技术进步与资源配置效率提升的综合反映。图 5.7 展示了甘肃边境地区各要素对经济增长的贡献率。观察图 5.7 可见，TFP 增长率对经济增长率的贡献率非常高。在两种生产函数估算方法下，TFP 贡献率的变化趋势大体一致，仅 2013 年的变动方向相反。各要素对经济增长的贡献率在 2000 年、2002 年、2013 年、2018 年和 2019 年出现了较为明显的波动，其中 2002 年波动最大、2013 年次之。其他年份各要素对经济增长的贡献率总体较为平稳，波动幅度较小。

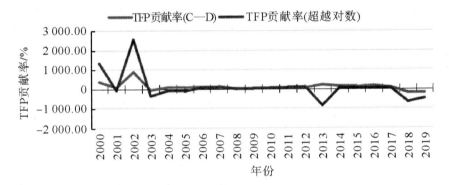

（a）2000—2019 年甘肃边境地区 TFP 对经济增长的贡献率

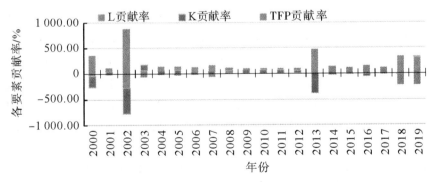

（b）2000—2019 年甘肃边境地区各要素贡献率（C—D 生产函数）

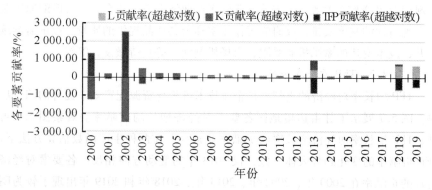

（c）2000—2019 年甘肃边境地区各要素贡献率（超越对数生产函数）

图 5.7　甘肃边境地区各要素对经济增长的贡献率

　　甘肃边境地区的经济增长主要依赖资本要素投入数量的增加和 TFP 的提高。在二十年的经济增长过程中，充足的投资是肃北县经济增长的保证。但其资本贡献率分别在 2003—2012 年和 2013—2017 年，以及 2018 年至今这三个阶段呈现减弱态势。2002 年起，肃北县积极推行新型工业化道路，促进了技术水平和技术效率的提升；2013 年，"新常态"下，通过去产能、去库存、聚焦产业转型、构建新型工业经济发展格局推进供给侧结构性改革，TFP 也对经济增长做出了重要贡献。产业结构的调整、技术的进步、制度安排的优化，一方面降低了资本贡献率，另一方面有效提升了 TFP 贡献率。

　　计算可得，2000—2019 年基于 C—D 生产函数的甘肃边境地区 TFP 平均增长率为-0.92%，对总产出增长率的贡献为 102.81%；而基于超越对数生产函数的 TFP 平均增长率为-2.42%，对总产出增长率的贡献达到 89.42%。虽然总体来看，TFP 增长率并未对经济增长率起到显著的促进作用，但其对经济增长率的贡献率却占比极大。这可能因为：第一，以投资拉动经济增长的发展模式的作用正逐步减弱，过度建设和产能过剩日益拖累了肃北县经济的发展，资本要素的平均贡献率快速下降；第二，人力资本提升、劳动要素的平均贡献率稳步提升；第三，产业内部的技术升级和改造以及臻于完善的市场机制和服务型政府建设的作用日益凸显；第四，产业结构高级化加快了要素的流动和生产效率的提升，并可能形成了新的经济增长来源和生产函数。值得一提的是，居民收入水平的提高和收入分配差距的缩小也是产业结构升级的重要基础。在经济发展的过程中，尤其是兴边富民行动以来，肃北县注重民生的改善，其消费需求对经济增长的拉动作用也较为明显。2015 年，肃北县在甘肃全省范围内率先实现脱贫摘帽。2019 年，其农牧民人均可支配收入达 2.77 万元，在全国

140个陆地边境县和120个自治县中排名分列第一和第二。2020年，其城镇居民人均可支配收入达到41 874元，农牧民人均可支配收入达到了28 888元，有效支撑了产业结构的升级。

### 5.4.4 产业结构效应分析

#### 5.4.4.1 TFP增长率分解

经济总体的全要素生产率的增长率剔除了生产要素投入量的产出增长后，反映了两方面的效率提高：一是由技术进步或制度创新等带来的各个产业内部全要素生产率对经济总体全要素生产率的影响，即产业内部增长效应（净技术进步效应）；二是要素在产业间的重新配置（产出结构变迁引发的效率提升对经济增长的贡献），即结构效应。为了分析产业结构变迁在经济增长中的相对贡献，结合式（5.3）、式（5.7）和式（5.9），可以把式（5.3）重新表述为：

$$G(Y) = \alpha \cdot G(K) + \beta \cdot G(L) + \sum_i \rho_i \cdot G(A_i) + TSE$$
$$= \alpha \cdot G(K) + \beta \cdot G(L) + IGE + TSE \tag{5.19}$$

式（5.19）中，GDP增长率 $G(Y)$ 被分成四个部分：一是资本投入增长的贡献 $\alpha \cdot G(K)$；二是劳动投入增长的贡献 $\beta \cdot G(L)$；三是各个产业部门的TFP增长率的加权平均值 $\sum_i \rho_i \cdot G(A_i)$，即产业内部增长效应IGE；四是产业结构变迁效应TSE。其中，总量全要素生产率TFP被分成由技术进步引起的产业内部增长效应IGE和要素流动引起的产业结构变迁效应TSE两部分。而TSE则可进一步分解为资本要素的TSE和劳动要素的TSE两部分，即式（5.9）。由此，可以得到甘肃边境地区的TFP增长率及其分解结果（如表5.10所示）。

表5.10 2000—2019年甘肃边境地区TFP增长率分解 单位:%

| 年份 | C—D生产函数 | | | | | 超越对数生产函数 | | | | |
| --- | --- | --- | --- | --- | --- | --- | --- | --- | --- | --- |
| | TFP增长率 $G(A)$ | 产业内部增长效应 IGE | 产业结构变迁效应 TSE | IGE贡献率 | TSE贡献率 | TFP增长率 $G(A)$ | 产业内部增长效应 IGE | 产业结构变迁效应 TSE | IGE贡献率 | TSE贡献率 |
| 2000 | -6.44 | -8.77 | 2.33 | 136.21 | -36.21 | -23.96 | -14.57 | -9.39 | 60.81 | 39.19 |
| 2001 | 14.95 | 5.13 | 9.83 | 34.29 | 65.71 | -19.19 | -13.11 | -6.08 | 68.33 | 31.67 |
| 2002 | -10.87 | -17.40 | 6.53 | 160.09 | -60.09 | -31.71 | -27.78 | -3.93 | 87.61 | 12.39 |

表5.10(续)

| 年份 | C—D生产函数 | | | | | 超越对数生产函数 | | | | |
|---|---|---|---|---|---|---|---|---|---|---|
| | TFP增长率 G(A) | 产业内部增长效应 IGE | 产业结构变迁效应 TSE | IGE贡献率 | TSE贡献率 | TFP增长率 G(A) | 产业内部增长效应 IGE | 产业结构变迁效应 TSE | IGE贡献率 | TSE贡献率 |
| 2003 | -3.36 | -7.04 | 3.68 | 209.27 | -109.27 | -17.70 | -15.67 | -2.03 | 88.53 | 11.47 |
| 2004 | 7.19 | 5.06 | 2.13 | 70.42 | 29.58 | -7.98 | -1.99 | -5.99 | 24.99 | 75.01 |
| 2005 | 5.80 | -0.73 | 6.53 | -12.53 | 112.53 | -10.45 | -9.25 | -1.20 | 88.50 | 11.50 |
| 2006 | 43.40 | 30.12 | 13.28 | 69.41 | 30.59 | 25.77 | 20.61 | 5.16 | 79.98 | 20.02 |
| 2007 | 26.74 | 15.08 | 11.65 | 56.41 | 43.59 | 17.24 | 10.35 | 6.90 | 60.01 | 39.99 |
| 2008 | 4.03 | -6.11 | 10.14 | -151.57 | 251.57 | 2.70 | -5.25 | 7.96 | -194.29 | 294.29 |
| 2009 | 6.51 | -11.12 | 17.63 | -170.86 | 270.86 | 4.49 | -12.42 | 16.91 | -276.70 | 376.70 |
| 2010 | 4.39 | -5.01 | 9.40 | -114.34 | 214.34 | 6.81 | -3.95% | 10.76 | -57.93 | 157.93 |
| 2011 | 4.21 | -6.36 | 10.57 | -151.18 | 251.18 | 10.71 | -3.11 | 13.82 | -29.00 | 129.00 |
| 2012 | 10.43 | 0.17 | 10.26 | 1.58 | 98.42 | 26.27 | 11.15 | 15.13 | 42.43 | 57.57 |
| 2013 | -4.77 | -12.79 | 8.02 | 267.98 | -167.98 | 20.25 | 8.08 | 12.17 | 39.90 | 60.10 |
| 2014 | -37.48 | -47.65 | 10.17 | 127.15 | -27.15 | -13.98 | -32.88 | 18.90 | 235.17 | -135.17 |
| 2015 | -43.67 | -58.38 | 14.72 | 133.70 | -33.70 | -15.12 | -46.68 | 31.56 | 308.64 | -208.64 |
| 2016 | -18.31 | -21.82 | 3.51 | 119.14 | -19.14 | -5.90 | -14.15 | 8.26 | 240.03 | -140.03 |
| 2017 | -12.63 | -17.25 | 4.62 | 136.55 | -36.55 | -5.44 | -17.22 | 11.78 | 316.65 | -216.65 |
| 2018 | 6.66 | 1.53 | 5.14 | 22.90 | 77.10 | 22.08 | 9.01 | 13.07 | 40.81 | 59.19 |
| 2019 | -15.22 | -16.07 | 0.86 | 105.62 | -5.62 | -33.33 | -33.61 | 0.28 | 100.84 | -0.84 |

由表5.10可知,在样本期内,基于C—D生产函数的产业内部增长效应IGE年均增长率为-8.97%,对全要素生产率增长的年均贡献率为52.51%;基于超越对数生产函数的产业内部增长效应IGE年均增长率为-9.62%,对全要素生产率增长的年均贡献率为66.27%。由技术进步和制度创新引起的产业内部增长效应IGE绝大部分年份为负,成为阻碍TFP增长的主要因素。这说明,一方面肃北县现有产业的技术水平总体落后,现有技术并未能有效地促进全要素生产率的增长。因此,既需要在企业内部引进新技术和新的管理模式、优化工艺流程并对现有技术设备进行改造升级,还需淘汰落后产能以提高经济增长的质量和效益。另一方面,提升政府服务水平、完善市场机制体制以节约企业交易成本方面,可能仍有较大的提升空间。

进一步观察可知，TFP 增长主要依赖要素在产业间重新配置对经济增长的贡献，即产业结构变迁效应 TSE。如图 5.8 所示，2000—2019 年，肃北县基于 C—D 生产函数的产业结构变迁效应一直为正，年均增长率为 8.05%，对全要素生产率增长的贡献率平均为 47.49%；基于超越对数生产函数的 TSE 自 2006 年起均为正，年均增长率为 7.20%，对全要素生产率增长的贡献率平均为 33.73%。两种生产函数下的产业结构调整均表现出明显的结构红利，并在 2015 年达到峰值后开始震荡下行。这可能是基于要素禀赋的变化、配置效率的提升和循环累积的结果，由此导致了要素在产业间的持续流动，进而影响了产业结构。根据贸易理论可知，要素禀赋的变化在提高全社会生产能力的同时也会影响要素在产业间的重新配置，对地区的生产结构产生影响。由表 5.4 和图 5.2 可知，甘肃边境地区资本要素的持续增长和劳动要素的相对稳定使得两种要素的增长出现差异。图 5.9 则显示了开放经济条件下地区经济增长和产品结构的变化，具体可以表现为产业间结构的变化和产业内结构的变化。

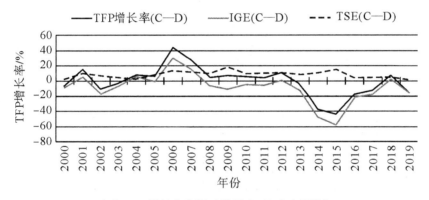

（a）TFP 增长率分解（基于 C—D 生产函数）

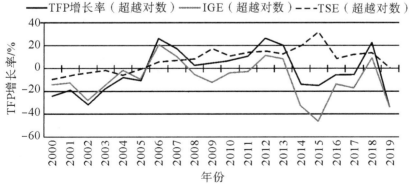

（b）TFP 增长率分解（基于超越对数生产函数）

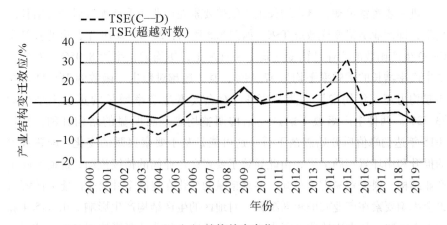

（c）结构效应变化

图 5.8　2000—2019 年甘肃边境地区结构效应变化趋势

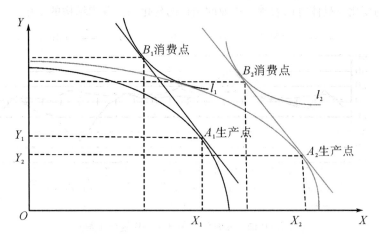

（a）一种产品生产扩大，另一种产品生产变少

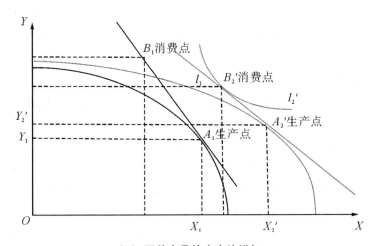

（b）两种产品的生产均增加

**图 5.9 经济增长和产品结构变化**

说明：$X$ 代表某种要素密集型产品（如劳动密集型产品），$Y$ 代表与之相对的另一种要素密集型产品（如资本密集型产品/技术密集型产品）。$X$ 和 $Y$ 既可以代表不同产业的不同产品也可以代表产业内的不同产品。$A$ 点为生产点。$B$ 点为开放条件下的产品消费点。$I$ 为社会无差异曲线，代表地区福利水平。切线表示区域内外两种产品的市场交换价格比。

钱纳里工业化阶段理论认为，制造业内部结构转换的原因是产业间存在着产业关联效应，投资和储蓄只是经济发展的必要条件，对于发展来说最重要的是经济结构转变和诸如收入和技术水平、要素禀赋、政策目标和贸易环境等制约因素。工业化初期阶段，制造业主要以劳动密集型产业如采掘业为主；工业化中期阶段，重型工业的大规模发展是支持区域经济高速增长的关键，这一阶段的制造业大部分属于资本密集型产业，且第三产业开始迅速发展；工业化后期阶段，第三产业由平稳增长转入持续高速增长并成为区域经济增长的主要力量，第三产业尤其是新型服务业发展最快；后工业化社会，制造业由资本密集型产业为主导向以技术密集型产业为主导转换；现代化社会，知识密集型产业将从第三产业中分离并占主导地位。

矿业一直是甘肃边境地区的主导产业，其产品结构相对单一。但随着肃北县大力发展新能源产业和对矿山工业产品的精炼加工，以及近年来对服务业和绿色特色农牧业的大力扶持，其产业结构得到持续优化。由表 5.1 可以得到历年甘肃边境地区三次产业增加值的占比情况，即图 5.10。可以看到，在经济增长能力提高的同时，肃北县第二产业增加值占比呈现倒"U"形发展态势："十一五"期间在 57% 附近波动，2006—2014 年在 71.8%~86.6% 波动，从2015 年起其占比逐年下降并在 2017 年起首次跌至 50% 以下。而第一和第三产业在国民收入中的占比从"十二五"期间尤其是 2013 年开始呈现持续上升的态势。2013 年，其第一产业增加值占比为历史最低，仅为 1%。2013 年后，肃北县有力地结合了传统农牧业生产和甘肃省重要的草原畜牧业基地的资源禀赋，大力发展绿色特色优势农牧产业，成效十分明显。2019 年，其第一产业增加值占比攀升到 6.80%。2012 年，肃北县第三产业增加值占比仅为 12.34%。通过大力培育文化旅游产业、推进肃北县融入大敦煌文化旅游经济圈建设以及发展工业服务业，2017 年其第三产业增加值占比首次突破 50%，2018 年其第三产业增加值占比达到 54.11%，2019 年则为 51.08%。肃北县目前正处于工业化中期和后期发展动能转换阶段，第三产业正快速发展，逐步成为肃北县经济增长的主要力量。

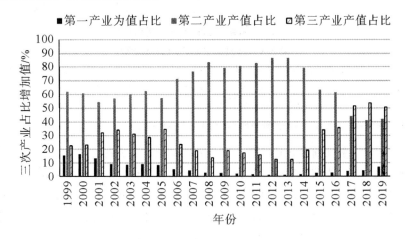

图 5.10　1999—2019 年甘肃边境地区三次产业增加值占比

除了三次产业间占比的结构性变化，产业内部也出现了结构性变化。肃北县第二产业发展主攻新能源产业，构建了黑色金属、有色金属、煤炭、非金属、新能源的"五朵金花"工业体系，目前已初步形成以铁、黄金、煤炭开采加工为主的矿山工业和以水力、风能、光能开发为主的工业经济发展格局。与此同时，肃北县优化经济增长模式，提高矿产资源综合利用水平和产业链现代化水平，围绕产业兴边，大力发展特色优势产业，着力构建现代农业产业和生产经营体系，完善商贸流通网络体系和边境地区的基础设施建设，形成了以矿业经济模式为主导、以特色农业和特色旅游经济模式为辅助的经济发展模式。可见，兴边富民行动以来，甘肃边境地区的产业结构调整是持续、有效的，结构性改革正不断地释放结构红利，甘肃边境地区目前仍处于产业结构调整的红利期。

### 5.4.4.2 结构效应分解

$$TSE = \left[\sum_i \rho_i \cdot \alpha_i \cdot G(K_i) - \alpha \cdot G(K)\right] + \left[\sum_i \rho_i \cdot \beta_i \cdot G(L_i) - \beta \cdot G(L)\right]$$ 表示资本要素市场的产业结构变迁效应 $\left[\sum_i \rho_i \cdot \alpha_i \cdot G(K_i) - \alpha \cdot G(K)\right]$ 和劳动要素市场的产业结构变迁效应 $\left[\sum_i \rho_i \cdot \beta_i \cdot G(L_i) - \beta \cdot G(L)\right]$ 之和，即资本要素和劳动要素在不同部门之间流动带来的全要素生产率的增加。计算可得甘肃边境地区的 TSE 分解情况，详见表 5.11。

**表 5.11  2000—2019 年甘肃边境地区 TSE 分解**　　　　单位:%

| 年份 | C—D 生产函数 | | | | | 超越对数生产函数 | | | | |
|---|---|---|---|---|---|---|---|---|---|---|
| | 产业结构变迁效应 TSE | 资本 TSE | 劳动 TSE | 资本 TSE 占比 | 劳动 TSE 占比 | 产业结构变迁效应 TSE | 资本 TSE | 劳动 TSE | 资本 TSE 占比 | 劳动 TSE 占比 |
| 2000 | 2.33 | 2.54 | -0.21 | 108.81 | -8.81 | -9.39 | -10.18 | 0.79 | 108.47 | -8.47 |
| 2001 | 9.83 | 10.23 | -0.40 | 104.09 | -4.09 | -6.08 | -5.33 | -0.74 | 87.76 | 12.24 |
| 2002 | 6.53 | 8.76 | -2.23 | 134.16 | -34.16 | -3.93 | -2.52 | -1.41 | 64.07 | 35.93 |
| 2003 | 3.68 | 5.68 | -2.01 | 154.60 | -54.60 | -2.03 | -3.73 | 1.70 | 183.57 | -83.57 |
| 2004 | 2.13 | 2.57 | -0.44 | 120.66 | -20.66 | -5.99 | -6.28 | 0.30 | 104.94 | -4.94 |
| 2005 | 6.53 | 6.58 | -0.06 | 100.85 | -0.85 | -1.20 | -0.94 | -0.27 | 77.86 | 22.14 |
| 2006 | 13.28 | 10.95 | 2.33 | 82.48 | 17.52 | 5.16 | 5.47 | -0.31 | 105.97 | -5.97 |
| 2007 | 11.65 | 11.04 | 0.61 | 94.77 | 5.23 | 6.90 | 7.58 | -0.68 | 109.90 | -9.90 |
| 2008 | 10.14 | 11.59 | -1.46 | 114.40 | -14.40 | 7.96 | 8.39 | -0.43 | 105.39 | -5.39 |
| 2009 | 17.63 | 13.51 | 4.12 | 76.62 | 23.38 | 16.91 | 13.18 | 3.73 | 77.94 | 22.06 |
| 2010 | 9.40 | 10.40 | -1.00 | 110.67 | -10.67 | 10.76 | 11.82 | -1.06 | 109.86 | -9.86 |
| 2011 | 10.57 | 10.85 | -0.28 | 102.67 | -2.67 | 13.82 | 14.13 | -0.31 | 102.25 | -2.25 |
| 2012 | 10.26 | 15.07 | -4.81 | 146.84 | -46.84 | 15.13 | 21.90 | -6.78 | 144.81 | -44.81 |
| 2013 | 8.02 | 12.96 | -4.94 | 161.67 | -61.67 | 12.17 | 20.58 | -8.41 | 169.08 | -69.08 |
| 2014 | 10.17 | 11.52 | -1.34 | 113.21 | -13.21 | 18.90 | 21.29 | -2.39 | 112.66 | -12.66 |
| 2015 | 14.72 | 9.18 | 5.54 | 62.37 | 37.63 | 31.56 | 19.66 | 11.90 | 62.29 | 37.71 |
| 2016 | 3.51 | 5.35 | -1.84 | 152.57 | -52.57 | 8.26 | 12.27 | -4.01 | 148.60 | -48.60 |
| 2017 | 4.62 | 0.81 | 3.81 | 17.49 | 82.51 | 11.78 | 2.43 | 9.36 | 20.61 | 79.39 |
| 2018 | 5.14 | 1.17 | 3.97 | 22.73 | 77.27 | 13.07 | 2.44 | 10.62 | 18.71 | 81.29 |
| 2019 | 0.86 | 1.42 | -0.56 | 165.80 | -65.80 | 0.28 | 3.36 | -3.08 | 1 196.49 | -1 096.49 |

图 5.11 展示了 2000—2019 年甘肃边境地区产业结构变迁效应变化情况。由表 5.11 可知，在样本期内，基于 C—D 生产函数的资本要素 TSE 均为正值，年均增长率为 8.11%，对产业结构变迁效应的平均贡献率高达 107.37%。其中 2006—2015 年的十年间，资本要素 TSE 均在 10%左右，并在 2012 年达到峰值 15.07%后开始震荡回落。而劳动要素的 TSE 在大多数年份均为负值。基于超越对数生产函数的资本要素的 TSE 和产业结构变迁效应 TSE 一样均从 2006 年起转为正，并在 2006—2016 年快速增长，年均增长率为 6.78%，对 TSE 的平均贡献率达 155.56%；而劳动要素的 TSE 在大多数年份也为负值。这表明，甘肃边境地区结构调整所释放的红利主要是来源于资本要素在三次产业间和产业内部的重新配置，而不是劳动要素的 TSE。这和肃北县利用资源优势提高矿产资源综合利用水平，主攻水力、风能、光能等新能源产业，构建黑色金属、有色金属、煤炭、非金属、新能源的工业体系密不可分。这说明，一方面肃北县围绕产业兴边推进的产业结构调整是有效的，资本要素在这些边际产出率（或边际报酬）高于总量平均水平的资本密集型产业中的增长十分迅速，促进了边境地区经济的持续增长。另一方面，提升人力资本素质、优化劳动力资源配置在未来产业结构的优化调整中还具有极大的潜能空间。

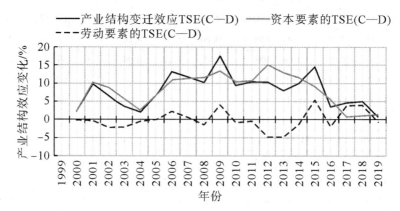

（a）TSE 分解（基于 C—D 生产函数）

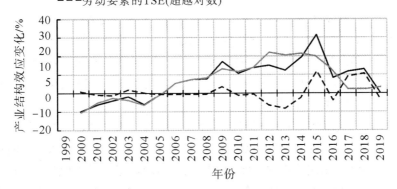

（b）TSE 分解（基于超越对数生产函数）

图 5.11 2000—2019 年甘肃边境地区产业结构变迁效应变化

## 5.5 本章小结

我国陆地边境地区具有特殊的经济地理边缘性、自然和人文地理异质性的特征，面临着区域内外经济社会发展不平衡和公私产品供需不充分的主要矛盾。新千年后，我国开始实施区域协调发展战略。作为贯彻中央实施西部大开发战略配套性举措的兴边富民行动，给予了边境地区更多的生产要素投入、产业结构优化升级和制度创新空间。经济增长源于要素投入总量的增长和要素使用效率的提升，产业结构变迁是区域经济发展的核心变量。

以甘肃边境地区为例，在 2000 年以前，该地区基本建设欠账较多，产业结构落后，结构性弱点十分突出。本章选取甘肃边境地区作为研究案例，基于甘肃边境地区的经济统计数据，建立基于 C—D 生产函数和超越对数生产函数的 TFP 分解模型，分析了兴边富民行动二十年来甘肃边境地区的全要素生产率增长情况，用实证研究度量了产业结构变迁对甘肃边境地区经济增长的贡献。

研究结果表明：

第一，不论是基于 C—D 生产函数还是基于超越对数生产函数，对 TFP 测算模型的参数估计结果影响不大。

第二，TFP 增长率序列表现出阶段性波动特征。TFP 增长率序列与 GDP 增长率序列保持了非常相似的波动形态，仅在个别年份发生了较大偏离。较高的 TFP 增长率总是伴随着较高的产出增长率，经济增长正从要素投入驱动转向全要素生产率驱动。

第三，TFP 增长率可以分解为基于技术进步和制度完善的产业内部增长效应 IGE 和基于要素流动的产业结构变迁效应 TSE，两者呈现出此消彼长的关系。其中 IGE 对 TFP 增长率影响最大，但大部分年份为负值，成为阻碍 TFP 增长的主要因素。TSE 多年来一直处于正值区间，结构红利十分明显，对经济增长具有重要的拉动作用。

第四，甘肃边境地区结构调整所释放的结构红利主要是来源于资本要素 TSE 而不是劳动要素的 TSE。这说明，一方面肃北县围绕"产业兴边"的结构调整是有效的，其主攻资本密集型的新能源产业和矿山工业的经济增长模式表现出了可持续性。另一方面，在未来产业结构的优化调整中，提升人力资本素质、优化劳动力资源配置还具有极大的潜能空间。

# 6 推动陆地边境地区经济高质量发展的建议

边境地区发展是党和国家最关心的核心问题之一。兴边富民行动符合中国多民族和长边界线的国情需要，其主要目的是通过不断加大对边境地区的扶持力度，使边境地区各族人民的经济生活水平实现跨越式发展，共享改革发展的成果。兴边富民行动不仅有利于加快边境地区经济、政治、文化、生态的全面协调发展，而且有利于巩固发展民族关系，对于全面振兴边境地区、实现边境的长治久安和强国睦邻、促进民族共同繁荣与进步具有重要意义。经过 20 年的持续建设，边境地区的贫困面貌有所改善，边境地区发展环境显著改善，兴边富民行动积累了丰富的经验。兴边富民行动确实促进了边境地区人民收入水平的提高和产业结构的升级，在缩小边境地区与其他地区间经济发展差距、实现区域协调发展方面发挥了积极的作用，而且其作用效果呈现出不断增强的趋势。但从兴边富民行动产生的动态效应看，由于我国边境地区和内陆地区发展差距过大，边境地区经济结构还处于较低级阶段，经济发展水平仍然较低，经济发展水平要赶上内陆发达地区在短期内是不现实的。兴边富民行动作为可持续发展在边民地区的具体实践，应在加快形成"国内大循环为主，国内国际双循环相互促进的新发展格局"的时代背景下，在总体评估的基础上进行必要的调整和提升；应在市场经济运行过程中创造性地构建市场与政府的特殊组合，找到政府和市场作用的有效边界，形成适应兴边富民行动的有效体制机制；有目的、有计划、有步骤地加快边境地区经济发展，强化边境地区与内陆地区的产业分工与合作，通过经济结构调整增强边境与内陆地区的经济互补性和联动性，建立起内陆地区经济对边境地区经济发展带动的机制，加快边境地区和内陆地区的经济一体化进程，实现边境地区政治、文化、社会和生态文明建设等发展目标。

## 6.1 调整产业结构，加速产业升级

兴边富民行动归根到底是为了解放和发展边境地区社会生产力，促进边境地区经济实力不断增强。前文评估结果显示：兴边富民行动在一定程度上促进了甘肃省边境地区的经济发展，提高了边境地区人民的收入水平，说明这一政策的实施对我国边境地区经济发展有较大的促进作用，有利于我国全面均衡发展的实现。但长期来看，在既定的资源环境与生产要素禀赋约束下，要想使边境地区的经济获得可持续的增长，必须大力提升资源要素配置效率。根据佩蒂-克拉克定律，经济中三次产业结构变动遵循"一二三""二一三""二三一""三二一"的演进规律。在经济发展的低级阶段，GDP 中第一产业占比最大，第二产业其次，第三产业最小，经济结构呈现为"一二三"的形式；在经济发展的高级阶段，GDP 中第一产业占比最小，第二产业其次，第三产业最大，经济结构完全逆转。经济发展从低级向高级阶段演进，也是三次产业在 GDP 中的占比此消彼长、产业结构不断优化、资源配置效率不断提升的过程。因此，要强化兴边富民行动效果，就需要因地制宜，出台扶持边境地区产业发展规划，在相关产业布局上向边境地区倾斜，制定和实施针对边境地区的产业开发政策，采取措施调整甘肃省边境地区的产业结构。

### 6.1.1 巩固第一产业基础性地位，加快边境地区农业发展

位于高原、草原、沙漠和山区的我国边境地区，具有丰富的自然资源，农牧业优势明显，但如果没有较高的农牧业生产率，边境地区经济将难以实现可持续的增长。因此，要把加快农业发展作为边境地区的重要任务，因地制宜地发展特色农业，进一步开展农业改革，将资源优势转化为经济优势，提高边境地区人民收入水平，促进我国经济的增长。首先，要增加对第一产业的技术投资，促进农业部门劳动生产率的提高，提升该部门的生产设备机械化及生产技术科学化水平，促进第一产业的规模化生产以及现代化发展。其次，要优化强农惠农政策。在引导农业进行结构调整的过程中，政府应帮助农民减少农业结构调整带来的风险。例如，要推广将种植粮食作物转为种植高原特色山地经济作物，但高原特色山地经济作物具有市场需求面相对狭窄、需求富于弹性等特点，受其他产品市场波动、销售渠道变化等因素的影响大，而边境地区农民收入水平低，抗风险能力差。对此，政府可考虑统一帮助农民购买农产品保险，

以财政支出对冲农业结构调整带来的风险，降低农民种植特色经济作物的风险。

### 6.1.2 加快传统工业转型升级，增强新兴工业行业竞争力

从工业革命开始，工业化就成为人类社会生产和生活的方式，在现如今的全球国际社会工业已占据主导、主流地位。要保证我国工业经济的健康持续增长和发展，就要注重经济增长方式的转变，在经济增长和提高的原动力取得重大突破的基础上，将要素投入转为生产率提高，同时充分利用有限的自然资源，降低单位能耗和污染物排放强度，做到资源循环利用。

#### 6.1.2.1 大力发展高新技术产业和战略性产业

生产率提高的关键在于技术进步，生命科学、飞机制造、新材料新能源、集成电路等高端产业的发展都离不开高端技术创新，必须不断提升科技创新能力。可通过直接向国外购买或者是鼓励外资进入吸引先进技术，大力提高我国自身的科技创新能力，在此基础上不断消化创新，以形成自身具有知识产权的专利技术。一是要大力发展我国自身的科技创新能力，高度重视对资源类以及能源类核心设备和技术的进口，鼓励引进关键性工艺或技术、设备等，使传统型的产业模式快速进行优化、转型，增强企业自主研发能力；二是要鼓励产业聚集区、出口基地等组建多种形式的研发平台，帮助企业开发具有自主知识产权的共性技术和关键技术，扩大自主品牌产品出口；三是要通过建立重大创新工程，形成具有较强共性的产业科技创新队伍，提升自我创新能力，依靠科技进步将我国建设为创新型国家。

#### 6.1.2.2 调整为环境约束下经济可持续增长的产业结构

完善相关配套支持政策和措施，加大对机电、高新技术产品出口的支持力度，调高第二产业中的制造业在国际产业中的价值链地位。目前，我国的制造业在国际分工中还处于低端地位，主要是初级产品的生产或者是成品的加工组装，生产环境效应差而且附加值低，要使这些产业向高加工度不断升级。要推动传统型出口产业的升级速度和转型速度，优先安排资源类以及能源类产品的通关事宜，使得资源和能源供给更为及时。

#### 6.1.2.3 坚持绿色经济发展理念，淘汰落后的产能

一是降低生产污染密度。对传统产业中煤炭、石油、石化、钢铁等工业主要污染源的传统产业中产能相对较落后的企业坚决予以取缔；对现存的高能耗、高污染但经济发展中又必须存在的产业，引领先进的设施以及工艺、技术快速进入，使用先进的生产技术对其进行改造，尽早完成传统产业的转型，提

升这些产业的环境效应，以促使这些产业向绿色环保型转变。二是要加强环境规制的建设，严格制定保护环境的建设标准与措施，建设与之配套的废弃物处理项目，提高该类产业的市场准入门槛，控制落后产业的无序扩张。三是要强化出口监测预警，通过限制出口等政策来控制对高耗能产品的需求，从终端遏制高耗能产业项目的盲目上马。四是对过剩产业进行调整，加强调控和引导，打破区域、行业界限，对企业进行合并重组，优化产业结构、提高技术含量，优化生产要素配置效率，保持产业链的持续性，从而制造新的出口利润增长点，发挥产业集中度对企业规模效益的贡献，增加产业的附加值。

### 6.1.3 协调发展第三产业，提高第三产业在三次产业中的占比

第三产业的发展应该满足第一、二产业的发展，要增加第三产业的投资，发展促进第二产业生产率水平提高的生产性服务行业，发展科学研究技术服务、金融保险等现代化服务业，更好为第二产业实体经济发展提供便利。首先，要加快发展社会需求潜力大的现代服务业，使其成为第三产业的主体。目前，边境地区的第三产业主体仍然以批发零售业、餐饮业、交通运输仓储业为主，与发达国家第三产业主要以信息、科技、咨询、金融服务业占主导地位还存在较大差距。对体育文化、社区服务、物业管理、教育培训、旅游等传统服务业，可运用先进的现代经营模式或先进的管理经验对其进行逐步的改造和提升，形成多种产业均衡发展模式。同时，要大力发展服务品牌企业，创出服务业拳头产品，积极参与国内、国际市场竞争。对那些进行多元化投资的服务企业进行重点扶持，形成具有较强国际竞争力的大公司和大集团，乃至跨国公司等。其次，要打破部分国有企业对第三产业的垄断地位，特别是要打破国有企业对铁路运输、航空运输、电信、电力、广播电视、金融、保险以及医疗教育等行业的垄断，降低进入标准，允许民营资本进入，并在此基础上逐步拓展到其他行业。最后，要加强对服务业行业的监督。尽快制定并完善服务行业标准，规范行业的生产行为，并加强行业自律，使服务行业得到健康持续的发展。

## 6.2 分类分区发展，发挥优势产业特色

边境地区是我国经济的不发达地区，与我国的发达地区迄今依然存在较大的发展鸿沟，地区不平衡、不协调、不可持续性的问题在边境地区一侧表现得

比较突出。解决边境地区发展不平衡不充分的问题是今后很长一段时间内兴边富民行动的目标。按照罗康隆的文化与生态制衡观，兴边富民行动需要坚持"四不"原则：其一，边境地区发展模式不能照搬内地经验和做法；其二，不能采取千篇一律的发展模式；其三，该活动项目的实施不能等速前进；其四，不能单凭优惠和照顾去推动发展。因此，应该充分认识到甘肃省边境地区涉及的范围较大，不同边境地区的差异性也较大，资源禀赋各不相同，兴边富民行动既要考虑到边境地区发展建设的共同性问题，同时又要注意解决各个地区的差异性问题，坚持问题导向，对边境地区各边境县的经济社会发展水平等综合实力进行评估，按照兴边富民行动的建设目标，仔细对比各地的差距，根据评估结果以及制定的具体发展目标，寻求弥补边境各地的建设短板，对各边境县实施"差别化"发展投入，以此对边境县的经济社会发展进行针对性的帮扶，有效组织资源寻求缩小兴边富民现实与理想目标的差距，既避免政策"一刀切"和"撒胡椒面"，也避免地方政府重经济效益而忽视社会效益的弊端，又能够帮助边境地区各地方政府解决实际困难，扩大兴边富民行动政策效力，惠及更多群众。

### 6.2.1 科学定位发展，合理进行区域功能分类

兴边富民行动要遵循一般性与特殊性相结合原则，具体实施中要分类型、分区域推进，突出因地制宜的灵活性，增强政策措施的针对性和落实力，不能一刀切，应该更多地强调因地制宜和分类指导。

首先，要依托现有优势，进行功能分区。不同边境民族地区有不同地方特色产业，因此不能一项政策在全国按相同标准贯彻，不同的地域具有不同的特色，需要发展的种类、区域、贸易不会完全一样。要将边境地区按照发展状态进行科学分区，依据各县市优势分层次进行发展。如有针对性地发展旅游型的边境地区、农业型的边境地区、外贸型的边境地区和资源型的边境地区等，以适时适宜、更有效地实施兴边富民行动的战略部署。

其次，要进行科学定位，明确发展方向。兴边富民行动的最终目的是实现边境地区的经济、社会各项事业的全面、快速发展。考虑我国边境县市数量多、涉及面积广、贫困人口多等特点，以及边境地区发展定位和自身面临着开放动态环境的新态势，兴边富民行动要围绕功能分区，结合每个县市的实际，进一步确立地区优势，相应的组织机构应对其未来发展进行科学定位，避免产业同构、市场同型，以有针对性加快县域经济的发展步伐，防止恶性竞争以及产业无序发展。同时，可在明确区域分工的基础上发展区域合作，借助自身的

优势与其他区域进行合作，以促进产业的发展，共同打造各种联系紧密、带动力强的经济圈、经济带，以促进资源要素和市场的互补。

最后，要突出重点，加大国家扶持力度。兴边富民行动既强调广泛领域又需突出重点，各个地区发展的资源禀赋不同，发展基础不同，在兴边富民行动中应该采取的策略当有所区别。国家在考虑边境地区发展、制定相关规划时，既要认识到边境地区存在的共性问题，又要具体分析边境不同地区制约发展的瓶颈及突破路径。要根据实际出台科学合理的区域政策，根据实际情况有效改善发展环境，面对复杂的地区问题强调"精确制导"，积极创建地区经济社会全面协调可持续发展的有利条件。例如人均收入较高的边境地区应注重强化内生动力、增强自主发展能力，人均收入明显偏低的边境地区应注重反贫困任务的推进。

### 6.2.2 围绕民族特色，挖掘自身产业优势

当前，我国经济结构是典型的二元经济结构，城市经济主要以现代化生产方式为主，社会保障、医疗卫生、生活环境和教育等基础设施发达，而农村经济则为传统的务农经济为主，农村的基础设施相对落后，农村的人均消费水平也远远低于城市。要想有效调整二元经济结构，就必须结合边境地区现阶段经济情况，依靠自身优势推动特色产业发展，加快现代化进程，推动实现城乡二元经济结构向现代经济结构的转换，缩小与发达地区的差距。

首先，要重点发展民族产业。边境地区是典型的民族地区，经济产业结构均带有强烈的民族特色，而民族特色正是双边合作和经济发展需求互补产生的基本因素。边境少数民族地区经济社会发展落后的原因之一是本地区特色的优势产业未被有效发掘。因此，要借助开展兴边富民行动的机会，围绕民族特色，不断挖掘特色优势产业，并将产业与市场相结合，改变对外贸易以单一初级产品为主的局面，加快产业升级转型，推动当地社会各项经济事业的发展。

其次，要大力发展优势产业。边境地区在制定和开拓特色优势产业时，应根据本地区的特色和本民族的特色而制定产业，带动边境地区基础设施、生态建设、文化教育、农业生产等多方面发展；对于出产资源的区域，要在有效保持生态环境的同时，尽量做到特色产业的就地加工，就地增值，就地销售；对于发展旅游业的地区，应注意寻找民间遗失的非物质文化遗产，在发展新特色项目的同时，既要展现出独特的民族特色艺术和风情，又要保证少数民族艺术的传承。

最后，要充分利用边境口岸。兴边富民行动要立足于边境地区发展实际，

推动边境地区口岸贸易、口岸加工、边境旅游等产业发展，注重打造一系列边境口岸特色城镇。同时，要把握新时代国家推动新型工业化、信息化、城镇化、农业现代化同步发展的战略机遇，结合边境地区实际情况和开放发展要求，制定落实边境口岸发展规划，注重沿边城镇带建设，统筹指导发展较好的边境地州中心城市对边境地区城镇化的示范、服务及城市文明的传播作用，帮助边境地区提高城镇化质量，有效保障边境地区人民安居乐业，提升居住生活水平。

### 6.2.3 全面深化改革，准确把握政府与市场关系

党的十八届三中全会强调，处理好政府与市场的关系，要重视发挥市场在资源配置中的决定性作用和更好地发挥政府作用。这是我国实施各类经济战略和经济政策的重要前提。兴边富民行动是一个战略性和长期性的系统工程，边境地区的发展是政府、产业和资源相互影响、相互作用的结果，需要融入全国统一的大市场，做到政府和市场的作用并重。政府的作用在于持续的经营管理边境，因地制宜，根据当地的自然条件、民族构成、邻国特征和经济发展水平综合设计和实施兴边富民具体政策，发挥好地方政府作用是实现经济发展的重要基础。但以往边境地区的经济增长具有政府投资主导和严重的资源依赖性特征，对市场机制的重视不足，往往不能高效地发挥内陆地区对边境地区经济的带动作用，而社会主体参与较少是在新时代兴边富民中要集中克服的问题。因此，应从供给侧解决边境地区的经济发展动能不足的问题，由政府主导的开发模式向政府和市场力量并重的发展模式转变，减少阻碍内陆地区和边境地区经济联系的因素，释放市场在促进经济发展中的潜力。

首先，要全面深化改革。全面深化改革的核心是理顺政府与市场的关系，需要把有效市场运行与合规政府管理结合起来，发挥市场决定性作用应作为制定与实施政策考虑的重要依据。逻辑上讲，优胜劣汰是市场经济体制根本规律，产业优势需要在市场中发掘，检验产业优势的标准需要以市场为基础的价值评判而不是政府的价值评判。从这个角度看，特色优势产业的"优势"地位，不是依赖政府补助形成的，而是在市场竞争中形成的。国内外大量经验都表明，政府补助补不出特色优势产业，以改革创新精神推动兴边富民行动制定与实施势成必然。继续实施兴边富民行动，并非在以往的基础上一成不变，而是要体现政府在改革背景下的新观念、新定位、新作为。在新的改革背景下，要强调发展特色优势产业，更要强调遵循现代市场经济体制下的竞争规律，要更多地强调政府与市场的有效结合，变政府大包大揽模式为有限政府与有为政

府的结合模式。

其次，要进一步明确政府职能。更好发挥政府作用是对新时期体制改革的现实要求，而政府作用的更好发挥需要明确政府职能，创造有利于产业发展的市场环境，同时需要明确政府更多地在弥补市场失效的领域主动作为。其中，加强政府各部门间的协调对于推动兴边富民行动的实施尤为重要。因此，一方面，要进一步从中央层面上加强民族事务部门在兴边富民行动中的协调作用，推动发改委、工业、商务、农业、旅游等地方政府相关部门配合推动经济发展民族事务部门，更多地在增进民族团结和协调解决反贫困、就业、环境保护、教育培训、医疗卫生等方面着力；另一方面，针对各边境地区民委系统维护民族团结与稳定的责任重大、工作繁重但编制少，市场信息掌握少，管理经济的经验少、功能弱等问题，适当约束其在经济发展领域的主导作用，以协调为主，避免与其他经济管理部门职能的重叠。

# 6.3　扩大区域经济合作，发展边境贸易

区域开发是人类开发利用各种资源、谋求区域经济增长和区域经济发展的过程。区域开发是对未被利用的或未被充分有效利用的资源进行开发利用或者进行更为充分有效的开发利用。兴边富民行动是区域性经济社会发展工程。长期以来，甘肃省边境地区经济发展较为落后，国有企业管理思想根深蒂固，加之边境地区处于经济发展边远地区，管理体制更为落后，市场动力不足，并且甘肃省边境地区对外贸易基本上以附加值较低的初级产品为主，缺少国际竞争力，外贸对地区经济增长的作用不明显；现有的边境合作区资金利用率、技术成果转化率和企业盈利能力都较弱。因此，要进一步扩大边境地区的区域经济合作，要通过支持边境地区互市贸易、扩大区域间经济技术合作、完善产业链发展等方式，推动边境地区贸易进一步发展。

## 6.3.1　加强边境区域经济合作发展，鼓励支持边境地区互市贸易

首先，要因地制宜地建立边境自由贸易园区，推动边境经贸合作的战略升级。随着全球化经济的深入，我国已经加速了对外开放的进程，加快了社会和谐建设和经济发展进程。边境自由贸易区是参照国际自由贸易区和国内保税区的模式，建成封闭管理、完全保税、境内关外、贸易与加工并举为基本特征的综合型、外向型经济区域。边境自由贸易区由两个或两个以上的国家或地区在

特定的经济区域中取消关税或其他贸易限制而建立，应具备转口贸易及一般贸易、进口加工、出口加工、仓储保税和商品展示、其他服务等功能。因此，要按照党的"实施自由贸易区战略"要求，探索建立更多边境自由贸易园区，实行要素自由流动政策，在自由贸易园区实现跨国商品交换、资本流动和技术转移，推动对外贸易由边境市场向国际市场延伸，实现进出口商品"过关"加工增值，带动一、二、三产业发展。

其次，要鼓励进行多元化的区域合作。兴边富民行动的实质就是进行边境地区的区域开发。因此，要继续办好互市区、合作区、跨国经济综合开发区，推进跨国区域经济发展一体化。区域经济一体化是跨国经济合作的必然趋势。传统边境贸易要取得新的发展，就必须向跨国区域经济转变，成立跨国相关地区协调机制，进行区域发展的统一规划、基础设施的一体化建设、产业发展的一体化对接、市场体系的一体化构建、生态环境的一体化保护，促进区域经济的一体化发展。在重点产业发展上，进一步扩大现有产业规模，促进贸易增长，延伸资源加工产业，优化产业布局，兼顾各方利益，加强跨国科技合作，推动区域产业结构调整与升级。同时，持续推进边境地区人民互市贸易政策创新，积极探索建立以边境地区人民互助合作组织为主的边境地区人民互市贸易转型升级试点，支持开展边境地区人民互市合作组织试点工作，创新边境地区人民互市贸易管理办法，鼓励带动更多的边境地区人民参与互市贸易。而发展是在原有基础上进行量的扩张和质的提高。

最后，要发展多元化结构贸易，实现贸易的多元化转变，寻求新的经济技术合作道路。多元化结构贸易的发展对于促进甘肃省边境贸易、边境外资投入的协调发展至关重要。单纯的一般贸易不利于贸易结构的优化升级，易受其他因素的影响，不利于边境贸易的稳定发展。边境贸易的发展就应该寻求多元化发展，多元化层次结构有利用于加强边境经济技术合作，通过多元化结构寻求商机比单纯的一般贸易来得更快，经济技术合作领域的拓展也有利于边境贸易的发展。因此，要结合甘肃省本地资源优势，通过不同区域、不同产业间的有效合作，打造甘肃省边境地区核心竞争力产业，促进经济结构的优化升级和生产力水平的提升。引导企业利用合作区这个跳板与邻国企业进行合作发展，如通过相互参股等形式，帮助企业了解双边产品的差异与需求，使企业在双边贸易和合作生产中提高盈利能力，使边境贸易和生产企业的发展更加具有目的性，扩大对外的投资与贸易。

### 6.3.2 实行全方位的对外开放，扩大区域间经济技术合作

经济全球化日益凸显，大部分国家逐渐跨入世界经济融合的行列，成为世

界经济体，这深刻地影响着本国经济的发展。少数民族边境地区想要缩小与内地发达地区的差距，兴边富民行动只是基础，还必须根据实际情况实行全方位的对外开放。

首先，要提高内外贸一体化和投资便利化程度。强化边境地区开放前沿地位，充分释放自身特殊区位优势，特别是在推动经济合作区建立和升级过程中，要积极主动作为，促进外来资金、企业、人才等生产要素资源聚集，鼓励、引导、争取大型央企和国企的项目投资，优先发展优势产业和特色产业。组织当地有实力的企业参与周边国家经济合作，充分开发利用国外市场和资源，采取先开放、发展，逐步完善后慢慢收紧政策的原则，扩大对外贸易经营自主权，不断扩大合作区规模和辐射能力。

其次，要加大外向型企业扶持力度。许多边境地区长期以来的对外贸易基本是处于比较单一的初级产品为主的状态，质量差、产品附加值低、技术含量小，在国际市场竞争中处于不利地位，对整体的经济增长的促进作用不大。因此，要优先对边境地区的外向型企业加以扶持，加大对其财政上的帮助，为其牵线搭桥引入内陆的资金，帮助企业扩大生产，对商品进出口实行更加优惠的政策，在出口退税、进出口商品配额数量、进出口商品范围、进出口许可证管理等方面，根据法律放宽一些限制，根据实际情况出台合理税收政策，鼓励发展特色优势产品进出口业务、对外工程承包业务，鼓励外域投资企业自由发展。

最后，要促进区域间经济技术合作。边境地区社会经济的快速发展离不开科技进步。但由于经济社会发展水平的滞后，众多的边境地区尤其是民族地区的科技程度十分落后，很大程度上制约了边境地区的发展。一是要建立边境地区发展的科技政策。通过科技政策扶持一批具有带动作用的高新技术产业的发展，推动该地区的整体科技实力提高；促进技术市场的良性运行，规范技术推广体系，调动技术人员的积极性；鼓励社会团体和域外人员投资创办企业，健全科技推广和中介服务体系，加快培育企业速度，带动与发达地区的科学技术交流。二是要引进、消化和吸收国外先进技术，加快技术应用与转化，强化技术平台的升级改造，运用高新技术改造传统产业，建立高技术产业产品生产出口基地，扶持一批有竞争能力、有发展潜力的产业，培育如生物医药制造业和生物农业等战略性产业，推动这些产业由初加工、粗加工向深加工、精加工转变，提高产品质量和技术含量，提高产品附加值，促进战略性产业向主导产业的优化转变。三是要为边境地区的企业发展提供必要的技术及发展资源，通过培育战略性新兴产业，带动边境地区以科技进步为动力推进经济发展，在跨越式发展方式上进行尝试，促进经济增长由传统增长模式向现代增长模式的转变，实现甘肃省边境地区的产业结构调整和升级。

### 6.3.3 强化产业链条整合与开发

不能单纯依靠内陆产业，应重视对产业链的完善与开发，利用产业发展带动边境地区的产业升级与发展。

首先，要在发展优势产业的同时，充分利用现有的区域优势资源，整合产业链条。应在把开发优势产品和特色产品放在首位的基础上，研究上下游产业链的信息，引导企业加大对上下游产业的扶持力度，进一步开发周边区域的产业链条，并掌握不同产业的发展信息，明确产业发展目标，逐步培育适应市场的产业项目，以优势和特色产业为核心，调整产业结构，带动所有的产业发展，进而达到以合作区辐射周边的目标，最终实现基于合作区的产业链条的升级。此外，在完善产业链的时候还应着眼于境外的产业结构与优势，即不能仅仅将眼光放在自身，也应看到境外产业的优势，这也是边境经济相比内陆经济的最大优势。允许边境地区人民互市商品落地加工，延长产业链；允许互市品种拓展到部分生产资料，而不仅仅是边境地区人民自用生活用品；允许互市商品的进口国拓展到其他东盟国家，而不仅仅局限在越南。通过持续推进边境地区人民互市贸易政策创新，促进对外开放。

其次，要充分利用产业链，促进沿边节点口岸城市的发展。城市是产业发展的载体，资源向城市集聚能够提高生产要素的配置效率，目前沿边节点城市的产业竞争力相对于内陆地区而言还比较薄弱，要充分发挥其临近国门的区位优势，采取外贸优惠政策，发展边境旅游、现代贸易和物流业，通过加快边境地区自贸区建设促进沿边节点口岸城市的发展。边境地区城市产业基础薄弱，应当基于当地比较优势发展特色产业，提升产业竞争力，适时设立出口加工基地、跨境能源资源调配中心、国际商贸物流园区，加强沿边城市的营商环境，吸引各类优质生产要素向沿边节点城市集聚，使沿边节点城市完成由"通道"向"枢纽"的功能转换。出于国家经济安全考虑，边境不适合建立大型城市，结合边境地区的地理特征，可探索发展山地城镇化和山地经济，平衡好边境经济活动在空间上的分布关系，做到适当集聚以提升资源配置效率，通过沿边节点城市辐射带动周边地区经济发展；同时也要做到经济活动适度分散，保障边境地区经济安全。

# 6.4 完善人才市场流动机制，提高劳动力配置效率

劳动力有广义与狭义之分，广义的劳动力指所有人类，狭义的劳动力仅指有劳动能力的人类。边境地区要有长足发展，劳动力的选择是一大重要问题。许多兴边富民行动项目的实施并不是由本地人完成的。各种障碍（环境、地理、市场压力与竞争、教育水平等）使得边境民族地区需要的拥有一定劳动素质的劳动力尤其是少数民族人才相对比较缺乏，如大多项目在中标之后，中标方考虑本地劳动力的素质问题，会选择从外地聘请工作人员完成项目的实施。本地劳动对边境地区的发展壮大参与率较低，将直接导致本地劳动力对兴边富民行动毫无兴趣和关注度。因此，要完善人才市场流动机制，提高劳动力配置效率。

## 6.4.1 完善城乡统一的劳动力市场

首先，要尽快完善城乡统一的劳动力市场。甘肃省边境地区普遍具有较好的资源禀赋，人口数量不大；但由于经济发展水平不高，难以吸引人才，资源优势没有更好地转化为发展优势，存在着人才严重流失的客观问题。因此，要考虑边境地区人口、资源较为分散及地理环境和交通条件的限制，注重推动区域的改革开放，优化配置区域之间的劳动力资源，保证各区域之间劳动就业稳定，促进劳动力的合理流动、组合与转化，增强各个区域的自主发展能力，加快户籍制度改革的进程，建立农村居民社会保障机制。

其次，要修订相关劳动法律法规。要制定企业优惠政策或特殊扶持政策，完善在边境地区创业的优惠政策，更好地推动边境地区的改革开放，吸引企业到边境地区开办工厂，以此为边境地区人民创造更多的就业机会。司法部门要加强职工就业合同的规范性的审查，并且在劳动人员受到不合理解聘时提供必要的法律救助，保护职工尤其是合同工的合法劳动权益。同时，应对外积极落实人才引进政策，对内加强人才培育及储备政策，积极采取定向培养、专项培训等多种措施，加大对边境地区各类急需人才的培养力度，稳定人才队伍。

## 6.4.2 强化劳动力内生发展，加强边境地区人才队伍建设

劳动力是人类创造更新文化、更先进文化、更适应社会发展文化的推动力，提高劳动力素质与水平是兴边富民行动有效实践的前提。当前边境村寨、

城镇普遍存在着人口流失问题，人才的匮乏严重阻碍着边境地区发展，兴边富民行动应当认识到守土固边、兴边富边的关键在于人才，人才聚集后资源、技术、信息等要素才能不断聚集产生效益。

首先，要加大对民族地区教育等社会公共事业的投入力度。甘肃省部分边境地区又属于民族地区和贫困地区，经济发展滞后，劳动力的核心问题是少数民族人才缺乏。一些少数民族家庭的孩子因经济原因无法完成学业，一些有能力的年轻人选择迁离原居住地或者到外地打工谋生，造成了经济发展难以为继的艰难局面。事实上，边境地区有着比内地更为丰富的人力资源，尤其是会双语的汉族、少数民族人才，通过培训会成为边境建设强大的劳动力队伍；且由于边境地区多民族混居，很多民族文化呈现出多样发展的特色，这一类人群的创造力是非凡的，创造出来的文化与文明应该是更加进步、更加适应经济社会发展的。因此，要加强少数民族劳动力就业技能培训，提高其在新时代的市场竞争技能。

其次，要加强对青少年尤其是大学生的教育。知识是社会发展和经济转型中最重要的因素，知识匮乏是制约边境地区社会经济发展的重大因素。开展兴边富民行动必须以实施科教兴边为基础，以知识改变命运为方针，从根本上解决边境地区少数民族主观意识的制约限制。因此，推进兴边富民行动的关键基础为制定和实施切实可行的科教政策，加快对青少年的普及教育，防止青少年辍学，提高青少年的素质。此外，大学生就业得不到解决也是社会资源的极大浪费，兴边富民行动可以适度关注这一特殊群体，加强大学生毕业后的专业培训，为大学生在更大范围内寻求就业机会提供信息和相关扶持，解决就业招不到人和失业同时并存的问题。

最后，要发展和巩固边境地区基础教育和职业教育成果。文化水平是实现充分就业、提高生活水准的关键。兴边富民行动应把如何增强边境地区人民的文化素质摆在重要地位，不断扩展行动对象涉及面，打造高素质边境地区人民，推动边境地区发展。不仅要帮助边境地区留住本地人才尤其是作为边境建设和发展主体的当地干部群众，要不断加强对边境地区干部的思想政治教育，培养他们吃苦耐劳的精神和为人民服务的情怀，也要想方设法吸引外来人才，为边境地区举办各类培训班、夜校、科普讲座等提供资金支持和技术支持，优先发展农、林、牧、旅游和边境贸易的特色优势职业技术学校，制定适用于边境地区的职业教育相关政策，鼓励开办边境地区所需的职业学校和成人教育机构。在现有的基础教育、职业教育的基础设施等硬指标建设的基础上，完善软环境建设，在教育形式、内容上进行必要的创新与发展，培养创新层次的人才。对于生活于边境乡村的教育、卫生、技术、管理人才，更应实施更优惠的工资福利待遇政策，并对其实施定期的培训，不断提高其业务素质，更好地服务于边境地区人民。

## 6.5 加大对边境地区的资金投入，优化资本市场结构

边境地区的经济发展首先面临的就是资金问题。相对于劳动力要素而言，资本要素流动限制比较小，如果政府政策引导错误，可能会导致资本的错配。前文分析结果显示，甘肃省边境地区的资本配置虽然在个别年份呈现微弱的红利，但总体而言配置结构不合理。因此，实施兴边富民行动，既要加大政府资金投入力度，又要积极拓宽资金渠道，通过帮助广大边境地区人民脱贫致富，实现各民族的共同繁荣发展。

### 6.5.1 优化政府直接投入，提高资金使用效率

兴边富民行动赋予了边境地区更大的财力支持，但在"中国式分权"的官员政治激励治理模式下，地方官员的晋升往往与辖区的经济绩效挂钩，地方政府官员追求自身政治利益的动机造成地区财政支出受制于经济发展的目标。一方面，边境县级政府作为负责本地区公共事务的行政机构，掌握了更充分的地方信息，更大财力的获得赋予了边境县级政府更多的余力以改进地方公共产品的配置效率，进而改善本地区的民生。另一方面，更大的财力也可能让边境县级政府"自肥"，将上级政府拨付的资金用于扩大行政管理支出，而未必对本地区居民的公共产品需求做出反应。由于基础设施建设具有较大的乘数效应和投资拉动效应，短期内对经济增长具有明显的拉动作用，而民生等公共服务品尽管长期看对经济发展具有显著积极影响，但短期内的效应却不明显，因此，在兴边富民行动实施过程中，应结合边境地区不同的发展短板，对边境地区县级政府实行更具针对性的政绩考核，尤其是要注重对公共服务改善情况的考核，避免继续出现重基础设施忽视民生改善的问题。

首先，要加大政府对专项项目的投入力度。实施兴边富民行动离不开各项项目资金的合理运用。一是要把教育、医疗、文化、卫生等纳入兴边富民行动专项资金的支持范围，根据边境地区经济社会的主要问题确定资金投入使用方向。对好的项目要整合资金、加大投入，利用政策扶持对象与政策实施工具"双精准"模式，提高政策资源配置效率。尤其要加大教育资金投入和创新力

度，继续把教育摆到突出位置，加大基础教育、职业教育、继续教育等专项资金的投入，并通过不同的形式，鼓励社会资金对边境地区的各类教育给予资金资助，优化教育资源布局，让更多孩子实现就近就读，提高人民教育满意度。二是要对边境地区的各项专项发展资金建立项目论证机制，做好项目的可行性分析等前期工作，根据项目实际需求进行合理安排部署，提高边境地区专项资金的管理水平，保障项目资金的最佳、有效利用，实现资金的合理配置和社会经济效益的最大化。三是统筹规划使用专项资金。兴边富民行动涉及部门过多、协调困难，这导致投入产出比不高，一旦资金短缺，易造成项目烂尾，且部分完工的边境地区工程因无政府部门管理而处于荒废状态。因此，边境地区政府应进行投入统筹规划，将资金集中在少数几个部门手中，提升资金使用效率，提高投入产出比。

其次，要多元化资金投入方式。由于自身经济发展滞后，边境地区发展所需资金更多还是依靠财政性支出，但政府支出、税收、利率等工具都能用于兴边富民，任务不同采取的政策工具也应有所不同。一是对边境地区特色产业实施差异化的投资政策。边境各地资源要素禀赋适合于发展不同形态的特色优势产业，针对边境地区资源禀赋的特点，通过财政补贴、税收优惠等措施产生的扶持效果将明显不同，因此要注重区域政策的因地制宜、差异化实施，提高资源配置利用效率，确保兴边富民行动取得更理想的政策效果，严禁资金使用上的"一刀切""撒胡椒面"等现象。二是有效调整税收政策。采用政府财政补贴形式发展特色优势产业通常不是较好选择，易出现套取国家财政补贴等逆向选择，因此宜通过税收工具发展特色优势产业。边境地区贸易发展形势不容乐观，一方面是进出口关税偏高，多数上缴中央财政，起不到促进地方经济发展的作用，影响了边境地区进出口贸易的积极性；另一方面是免税额不能满足双方边境地区人民互市的要求。因此，可通过关税和进口环节税按实际征收额的100%返还边境地区，小额贸易税全部留地方使用，互市商品免税额度范围内的报检免交报检费，返还的口岸税费专项用于当地口岸基础设施建设，提高边境地区人民互市免税额等一系列免税、退税等优惠，吸引外部投资。

最后，要建立有效的资金使用监管机制。近年来，国家针对边境地区的实际情况不断出台惠民政策，并下发了大量的项目资金如兴边富民行动补助资金作为发展边境民族地区补助资金，它是否有效落实对边境地区人民的生活条件改善、社会保障提高以及地区人口回流、社会稳定都有重大意义，也就是说资金是否有效落实是政策是否有效落实的根本保障。在各项政策的落实过程中，增加监督方式日益重要，可以增加政策落实的透明度，或者增加媒体、群众的监督举报等，有效的监督方式将决定着今后国家惠民政策是否有效落实，资金是否达到了使用效益最大化，边境地区人民是否享受了应有的权利，实施效果是否达到国家惠民政策的真正目标。因此，应实行规范合理、公开透明的预算管理制度，严格限制专项资金的民生用途，全面接受社会监督。尤其是要通过对资金使用进行有效监督，避免在特有的"晋升锦标赛"模式下，地方政府为 GDP 增长相互竞争，出于经济增长的需求，地方财政支出明显偏向基础设施等硬性建设指标，对卫生、文化、教育等民生性公共服务的供给偏好较低，造成地方政府公共支出重基础建设、轻人力资本投资和公共服务的扭曲现象。

### 6.5.2　健全金融市场

当地政府短时间内积累大量发展资金是不现实的，但全部依靠国家财政资金拨付又难以长期有效地解决边境地区经济问题，因此，要实现边境地区经济的可持续发展，政府最初的投入资金只是达到抛砖引玉的积极效果，更重要的是要通过发挥金融体系的杠杆作用，实现"输血到造血"的本质转变，持续推动经济社会发展的良性循环。

首先，要大力推动边境地区金融市场的改革。一是要强化资本投向引导。由于资本的逐利性，资本很少投向边境地区市场尤其是边境地区的农村市场。因此，政府必须进行引导，建立以城市带动农村的融资机构，健全与边境地区经济社会发展相一致的金融组织体系，规范金融管理机构，设置科学管理条件，将金融市场的辐射力度增强到边境地区每一个角落，为边境农村地区提供经济发展的资金来源，促进边境地区金融环境的改善。二是要拓宽投融资渠道。结合兴边富民行动目标，完善区域性金融市场和服务农村经济的投融资体系，推动各类金融机构秉持创新发展理念，在边境地区建立不同规模的服务网点，创新适合边境地区人民、特色优势产业、农牧业产业化和龙头企业需求的金融产品和服务方式；放宽外资银行对边境地区的投资领域，加大政策性贷款的比例。

其次，要协调信贷政策与产业政策。实施兴边富民行动以来，随着产业发展，农牧民对资金的需求日益加大，资金不足成为制约畜牧业更好更快发展的瓶颈。因此，要全面做好各类金融服务，支持新兴产业的发展，防范各种金融风险，营造高质量、有效率、公平、可持续发展、灵活适宜的金融环境。如通过组织金融、畜牧、财政等相关部门研究协调畜牧业贷款问题，确定对畜牧户贷款优先、利率优惠、期限放宽、多种类担保等降低风险的贷款模式。鼓励银行对边境地区给予优惠贷款，免除部分利息和国家进行贴息，并提供担保，实现虚拟经济与实体经济的需求配合，如对边境地区贸易发放无息贷款，促进边境地区与周边国家边境经贸的自由发展。引导金融机构为出口型加工与生产企业提供必要的金融服务，尤其是在企业扩大再生产时对重大项目加以支持。同时，可在金融政策方面给予边境地区优惠政策，在边境地区发行每年 1 亿~2亿元的长期扶贫债券，广泛集聚社会闲散资金。

# 6.6　加大民生投入，推进公共服务均等化进程

经济的内生发展主要依靠当地居民，作为多民族地区经济增长的主要参与者和受益者，当地居民有公平进入发展体系和得到受益的权利与义务。兴边富民行动的最终目的是要使当地居民受益，改善其生活水平，提高其生存技能，使其得到全面发展。公共服务事业投资尽管经济效益不高，但是社会效益、生态效益显著，能够切实提升边境地区人民的生活质量，发挥广大边境地区人民自觉维护国家统一和巩固边防安全的积极作用。也就是说，边境地区公共服务水平不仅关乎全面建成小康社会的质量，更直接影响到各族群众生活幸福感的提升。但实践中发现，一些边境地区在兴边富民行动的推动下，社会的经济有所改善，可直接使当地居民受益的却相对较少，或者少数人得到了优先发展权，兼顾公平的原则没有得到集中体现。目前，甘肃省边境地区的基本公共服务与全国平均水平相比也还存在一定的差距。因此，"十四五"时期，兴边富民行动要继续推进公共服务均等化进程，在推动边境地区持续发展的"补短"上做文章，不能照搬国际、国内经验模式，必须尊重地区特殊性，要以提高民生保障水平为重点发展目标之一，更好地解决社会大众普遍关心的就业、劳动力转移、养老保障、医疗保障、就学等方面的民生问题，实现边境地区公共事业效益的显著提升。

## 6.6.1　落实边境地区基础保障制度

边境地区人民为我国边境地区的社会整体和谐稳定、经济稳定发展起到了重要的作用。如果内陆发达地区和边境地区的距离一再拉大，就会影响我国社会的整体稳定，影响民族团结。而现阶段边境地区尤其是农村边境地区老龄化问题严重，部分老人的生活、医疗甚至不能得到有效保障。因此，应将边境地区发展纳入社会保障制度规划，加大边境地区社会保障扶持政策的力度，将边境一线居民全部纳入居民生活最低保障的范畴，在享受教育、最低生活保障、

医疗卫生等基本社会服务方面给予最优的政策，通过制定优惠政策来稳定边境居民人口。

首先，要完善社会基本养老保险制度。当前，很多边境地区已配备基本养老保险制度，大部分边境城市外来务工人员也能参加养老保险，但各边境地区的基本养老保险参保率不高，且增速不快。要改善边境地区群众经济贫困的生活状况，需要让所有边境地区群众尤其是少数民族群众有饭吃、有居住的场所，看得起病，有钱上学，解决边境居民的基本民生问题。因此，要进一步发挥边境地区社会基本养老保险制度的扶持作用，加大扶持政策的力度，可对边境线 0~3 千米范围的边境地区人民全部给予"一线边境地区人民生活补贴"，补助标准按高于当地农村低保对象人均低保补助标准的30%发放，还可通过投入专项资金减免原农村合作医疗必须缴纳的年费。

其次，要加快落实基本医疗保障制度。一方面，因长期贫困，边境地区群众得病后不能及时就诊，且不能进行长期的有效治疗，经常发生因小病耽误治疗最后变成大病的情况。另一方面，少部分边境地区少数民族群众由于各种原因主观上不愿去医院进行治疗。由此可见，在边境地区除了要大力推进落实基本医疗保障制度、对距陆地边境线 0~20 千米范围的居民参加基本医疗保险给予补助扶持政策、开展大病保险之外，还应结合地区民族特色和实际情况，加强民族特色的医疗体系建设，出台向边境地区少数民族群众倾斜的具体办法，提高报销比例，才能确保边境民族地区的少数民族群众有病即医、有病可医，使他们的基本生存条件得到保障。此外，还要加强边境地区医疗事业建设，加快补齐公共卫生机制短板。目前，甘肃省边境地区的医疗发展水平已有一定提高，要继续保持良好势头，加强医疗卫生技术人员队伍建设，巩固医疗卫生事业"软实力"，加强边境基层地区尤其是农村地区的医疗卫生机构建设，降低看病成本，提高看病便利性，让边境地区人民在"家门口"就能看病。

### 6.6.2 加强边境地区基础设施建设

基础设施是经济发展的根本，没有完善的基础设施，第一、二产业的发展无从谈起。大力改善边境地区的基础设施条件，调动社会各界的力量，有利于加快边境地区经济社会发展步伐，改善边境地区人民的生活质量，不让一个困难群众在全面建成小康的道路上掉队，使各族人民群众共享改革发展的成果，对促进边境地区全面建成小康社会有着极其重要的意义。边境地区的基础设施建设应与国家、自治区"十四五"规划相结合，政府应为边境地区提供特殊的政策、资金支持，统筹规划一批基础设施建设方面的项目，投向的重点应放在建制村屯道路硬化、屯内道路硬化、农田水利基础设施、城乡居民安全饮水工程等方面，同时做好后续维护保养工作。应加快边境地区高速公路和高等级公路及铁路建设，使交通网络覆盖整个边境地区；加大边境地区农村水利工程建设，解决边境地区群众用水的问题，提高防洪、抗旱、排涝、减灾能力；充分利用边境地区丰富的能源资源，开发推进边境地区清洁环保能源基地建设；解决边境沿线居民的危旧房和泥草房改造，使得边境地区人民住得安全、住得安稳。

### 6.6.3 建立边境地区特殊风险分担机制

市场经济条件下，任何经济活动都会有风险，甘肃省边境地区的兴边富民行动也不例外，参与不同项目的各利益相关者，都存在一定的风险。经济主体的资本实力和掌握信息的准确程度与承担风险的能力密切相关：资金实力雄厚的个体抗风险能力强，资金实力薄弱的个体承受风险能力较弱；掌握大量信息的个体往往能够有效地规避风险，缺乏信息的个体往往不能有效转嫁和控制风险。在边境地区经济发展过程中政府应发挥引导经济结构转型升级和降低经济发展风险的作用，实现政府力量和市场力量在边境地区的有效整合。因此，在兴边富民行动过程中，要建立起各级政府、企业和农户"利益共享、风险共担"的机制，使企业和农户有一个明确的收益预期，增强其抗风险的能力，有效提高政策预见性，吸引民间资金和社会力量投入建设，形成合理的风险分担机制，并适应市场经济的要求，不断进行机制创新。对需要财政支持的边境地区，应增强政策运行的可持续性和稳定性，使财政支持边境民族聚集地区的政策不因政府的变动而变动，也不因政府领导人的变化而变化。

# 7 兴边富民行动与我国其他战略协调推动边境地区发展

"事物之间以及事物内部诸要素之间是相互影响、相互制约和相互作用的,联系是普遍的。"兴边富民行动是国家实施的众多政策之一,最初是西部大开发战略的辅助工程。随着新一轮西部大开发战略的实施,兴边富民已是新的西部大开发战略的重要组成部分,对甘肃省边境地区和整体经济的发展起到了积极作用,在促进边境地区人民收入水平的提高、缩小边境地区与其他地区之间的非均衡发展等方面起到了积极的作用。根据马克思主义基本原理,兴边富民行动与西部大开发战略、"一带一路"建设、乡村振兴战略的有机衔接过程实际上就是一个普遍联系的过程。边境地区继续推进兴边富民行动,还需借助国家乡村振兴战略、"一带一路"倡议、丝绸之路经济带建设等多重政策扶持,构筑新的开放格局,寻求更多的发展机会;推进"一带一路"倡议、丝绸之路经济带建设、乡村振兴战略等举措,也需要通过兴边富民行动实施亲、诚、惠、容的周边政策,加强与周边国家的友好联系,创造有利于延续战略机遇期的周边环境。因此,边境地区要实现兴边富民行动目标,就要坚持新发展理念,基于边境地区经济欠发达、贫困面广和特殊的区位优势等特征,推动兴边富民行动与西部大开发、"一带一路"倡议、丝绸之路经济带建设、乡村振兴等多项国家战略和倡议协同互动,形成政策合力,以兴边富民行动为着力点,铸牢中华民族共同体意识,形成各民族、各地区"共同发展、共同繁荣"的良好局面,实现边境地区可持续发展。

## 7.1 推动兴边富民行动在西部大开发战略中发挥更加重要的支撑作用

1998 年,国家民族事务委员会首先倡导推动兴边富民工作,并于年初联合国家发改委、财政部等部门发起实施兴边富民行动，明确提出了以政府扶持为主，全社会参与，依靠各民族自我发展，用十年左右时间，改善边境地区基础设施条件，提高人民生活水平，巩固和发展民族关系，实现边境地区的长治久安和繁荣进步。其后不久，在实施西部大开发战略的背景下，中央把西部大开发与民族地区发展联系在一起加以考虑。因为除东北三省外，我国陆地边境区域基本都处在西部民族地区，涉及内蒙古、广西、云南、西藏、甘肃、新疆6省区，兴边富民行动能够对西部大开发战略起到很好的辅助和补充作用。因此，兴边富民行动作为我国西部大开发战略的重要组成部分，对于实现维持西北边境地区的可持续发展有着重要的意义。

### 7.1.1 兴边富民行动支撑西部大开发战略的理论基础

#### 7.1.1.1 内源式发展理论

边境地区在地理位置和环境上，具有边缘性和外围性，在社会经济发展上也具有边缘性和滞后性，在生态环境上又存在差异性和极大的脆弱与不稳定性，各种资源丰富，文化多元又有各自特色，具有多民族聚居性等特点，这些都决定了边境地区社会发展也有其特殊性。但是发展并不仅指个别地区内部的生产力增长，也关系到地区与地区之间的关系调整、变化等问题。而且发展仅是边境地区居民获得财富的手段而并非目的，发展的多样性是必然的且必要的。因此，边境地区尤其是多民族边境地区的发展最为需要的依然是内部的革命，从内部孕育出来的发展和进步。只有从内部产生出来的力量才能成为边境地区、多民族边境地区谋求发展的推动力和手段，在这种助推力之下产生的社会进步，以及由社会进步所推动的人的全面发展才是边境地区谋求发展的根本目的。故而边境地区要谋求发展必然需要特殊的理论支撑，这就要提到"内源式发展"。

管理学大师亨利·明茨伯格认为发达国家之所以发达，靠的是自己的力量，可这些发达国家却不让不发达国家或地区使用这种模式发达起来，它们企图用市场经济调控的理论使不发达国家或地区走向不归之路。所以亨利·明茨伯格认为，通过外部的各种技术、人员的帮助来实现自己的发展的目的是不可行的。"全球化"当然会使经济发达国家的"全球性"公司得到发展。可是全球化并没有使那些不发达国家或地区摆脱贫瘠，这成为发达国家剥削不发达国家或地区的一种隐含模式。故而，一个发展中国家的贫穷地区要想实现进步与发展，靠自己比靠别人更实际。这就是内源式发展。

内源式发展是指以当地内部发展为主，激发当地内部发展的能力，促进自力更生，强调要发挥当地的积极性和主观能动性，自己带动自己的发展壮大。第二次世界大战以来工业化和城市化水平持续攀升，这造成了两种局面：一方面，大城市人民的生活水平快速提高，于是很多农村人口和财物向大城市聚集；另一方面，日益萧条的农村在发展上的问题越来越凸显，停滞状态愈加明显，经济的落后，环境的恶化，原有文化的破坏，都成为使农村更加破败的缘由。在此基础上，城市与农村之间的差距更大。这种现象在全球不发达地区和发展中国家更为明显，这也成为导致贫富差距加大和阶级矛盾尖锐的原因之一。20世纪70年代以后，怎样谋求自我发展、自主发展成为全球不发达国家和地区的主要任务。故而此后改善乡村的贫瘠成为全球各个国家各个民族的一个至关重要的课题。关于工业化和城市化的反思以及对传统文化和生态环境的保护一度在欧洲和美国非常兴盛，内源式发展在全球范围内得到实验和实践，并且取得了相当大的成功，对全世界不发达地区的发展起到了重要作用和积极影响，故而这种模式是可以为我国发展边境地区所借鉴的。边境地区的发展，不应盲从于西方发达国家和地区的理论和实践，而应该根据自己原本就拥有的一切资源，建立一套适合自己的社会网络系统，调动各种内部力量，寻找发展出路。

### 7.1.1.2 区域经济发展理论

基于市场化背景下的区域经济发展规律是国际学术界广泛讨论的话题。缪尔达尔、赫希曼等发展经济学家曾认为区域经济发展应被视为两种效应博弈的结果，一种是涓滴效应或者扩散效应，另一种是回波效应或者极化效应：当前一种效应大于后一种效应时，有利于不发达区域经济的发展；而当后一种效应大于前一种效应时，则有利于发达地区发展。不少经济学家用这一理论解释一国范围内发达地区与不发达地区的发展，以及发达国家与发展中国家的发展。他们在比较了发达国家与发展中国家的要素和条件后，对发展中国家的经济前景表示悲观，并引申到对不发达地区的前景悲观。但从20世纪后半期开始，全球经济发生了"雁阵式"增长，在西方国家的经济影响力在全球减弱的同时，中国、印度、俄罗斯等国家的经济影响力在不断增强，东盟出现了相对较快的增长，而非洲则可能会成为下一个后起之秀崛起的区域。这种轮番式增长变化，与绝对地认为一个地区必然维持长期的快速增长或者区域之间回波效应永远大于涓滴效应是不符合现实的，人们对区域经济发展规律的认识出现了变化。这给不发达国家和地区发展提供了诸多可能，任何一个国家或者区域，只要善于把握机遇，采取正确的经济政策，都有可能在国家或者区域之间的竞争中赢得胜利。

但影响区域经济发展的因素到底有哪些，哪些因素又对区域发展起决定性作用，这是一个学术界见仁见智的问题。经济学家夏威尔·萨拉伊马丁曾经列出收入水平、预期寿命、教育水平、地理因素、储蓄和投资、贸易与汇率政策、自然资源禀赋、政治因素8个影响经济增长速度和质量的变量。这些影响因素也可简化为制度、地理区位、经济基础、发展环境与条件、政策支持5个对地区经济增长有较大影响的因素。杰弗里·萨克斯和安德鲁·华纳的分析显示个人对财产的占有和对外开放是影响国家之间经济增长差异性的主要因素。地理位置对经济增长的影响也显而易见。一些经济学家研究发现，全球温带靠近沿海的地区是经济要素密集区。就我国来看，沿海的地理区位、工业基础和市场经济意识是改革开放后沿海获得较快发展的主要因素。法律基础好、创业氛围浓、营商环境良好、市场预期稳定、市场投机得到抑制等也是实现增长必要的环境与条件。因此，一个地方经济的稳定兴起，往往是多个因素叠加的结果，通过要素投入、收益增加的市场激励最终把经济导向可持续发展的轨道。假如一个区域在某一个方面或者多个方面发生合乎规律的改变，往往可以对推动区域经济发展起到正向激励的作用。

这一分析思路可以延伸到边境地区。从要素配置的角度理解，按照经济同心圆的分布模式，越是边境地区，人口与资本等要素越稀疏，要素集聚成本也相对较高。边境地区市场经济不够活跃，普通农牧民流向其他产业和区域的意愿不够高，自主发展能力不强，整体发展环境和条件比较薄弱，并且边境地区的地理区位和政策支持在以往都比较薄弱。而通常而言，市场经济越活跃，对人口和资本的吸引力会越强，更容易出现经济的快速发展。因此，新时期的兴边富民行动要在总结大规模发展边境地区经济历史经验的基础上，结合新时期区域经济发展战略，成为推动边境地区经济社会可持续发展的加速器。

### 7.1.2 兴边富民行动支撑西部大开发战略的路径选择

#### 7.1.2.1 充分挖掘优势，加大经济发展内部动力

虽然改革开放以来边境地区经济开放与开发取得了显著的成效，经济规模不断发展壮大，初步形成了沿边开放新格局；然而从全国的视角来看，由边境地区地理位置偏远、基础设施条件差、与内陆腹地经济联系欠佳、易受地缘政治关系影响等多方面因素导致的叠加效应制约着边境地区的发展。这说明边境地区经济发展总体上是滞后于全国的发展水平的，边境地区的人民生活水平还需要进一步改善和提升，边境地区仍然面临着很大的发展压力。分析原因，边境地区独特的地理位置和特殊条件下的边防使命，导致边境地区开放时间较

晚，交通基础设施建设不足，国际贸易规模也相对较小，其经济社会发展与开发开放程度与东部沿海地区相比仍有较大差距。

当前，边境地区由于要承担更多的国防责任，加之特殊的地缘国际政治和地理条件的限制，边境地区经济发展有特殊的环境，新时代的兴边富民行动应积极挖掘边境地区的发展潜力，实现边境地区经济与内陆地区经济的融合，借助内陆地区经济的带动作用，结合边境地区的自然资源禀赋特征，发展特色产业，形成边境地区与内陆地区经济的互补性的区域分工模式，加快与内陆地区经济一体化的进程。"十四五"时期，兴边富民行动也面临战略转型，必须摆脱"输血式"为主的外源式发展模式，转向以提高自身发展能力的内生型发展模式。在充分认识"向西开放"重大战略价值的同时，还必须意识到沿海开放仍是中国战略运筹的"重头戏"，"西进"与"东出"必须统筹谋划、相互配合。根据内源式发展理论，边境地区经济发展需要产业支撑才能提高自身的发展能力，要充分开发当地特色资源，把边境地区资源优势转化为经济发展优势。要继续做好西部大开发战略的排头兵，将原来的地理区位由劣势转为优势，利用边境地区处于两种国家经济体系的接壤区域的特点，将两个不同国家的优势在边境地区结合起来，继续创新政策实施路径，扩大政策实施效力。

### 7.1.2.2 补齐边境地区发展短板，缩小区域间发展差距

改革开放以来，我国的东部沿海地区经济发展迅猛，而西部边境地区发展缓慢。我国边境地区面积广大，人口密度低，以少数民族为主体。同时，边境地区有些是自然环境恶劣、灾害频发的区域，有些是山高沟深、环境闭塞、与经济发达地区距离较远的区域，还有些是沙漠、戈壁等人类生存困难的区域。这些因素综合叠加在一起，使开展大规模的工业化建设、完善基本经济发展环境的成本较高。这种基础设施的缺乏反过来又严重制约着边境地区的经济发展。面对规模效应缺乏、收益远比内陆地区低的实际情况，交通设施和基本公共服务条件的完善就十分重要。

尽管西部地区同东部地区经济发展的相对差距在缩小，但是绝对差距却在不断拉大，区域发展不平衡不仅会严重影响我国整体经济的健康发展，还会影响到社会稳定与民族团结。从国家层面上看，虽然中央提出了一系列新的区域发展战略包括京津冀协同发展、长江流域经济带等战略，但是也一直强调要继续坚持总体区域发展战略。基于以往的政策设计，总体区域发展战略中西部大开发被置于优先地位，而兴边富民行动又是西部大开发的组成部分。兴边富民行动需要与西部大开发战略紧密协作，有效使用西部大开发战略的政策，统筹边境地区和内陆地区的经济发展，通过强化边境地区与内陆地区的产业分工与

合作，增强边境地区与内陆地区的经济互补性和联动性，建设全国统一规范的市场，更好地发挥市场机制在区域协调发展中的作用，由内陆地区较发达的经济带动边境地区经济发展，有效地为边境地区产业的进一步发展和对外开放提供坚实的基础条件，改善边境地区经济社会发展环境，补齐边境地区发展的短板，缩小区域间发展差距，推动边境地区经济社会又好又快发展，进而实现区域间的协调、均衡与可持续发展，加快边境地区与内陆地区的经济一体化进程。

## 7.2 推进兴边富民行动与"一带一路"建设深度融合

边境地区是我国资源相对富集的地区，是我国的后备资源基地，未来除了依赖国际市场补充我国经济发展所需资源外，边境地区资源的适度开发也能在一定程度上支持国内经济的可持续发展。2017 年，《兴边富民行动"十三五"规划》明确提出边境地区要积极融入"一带一路"建设，提升边境地区开放水平。党的十九大报告提出，"要以'一带一路'建设为重点，坚持引进来和走出去并重，形成全面开放新格局"。考虑到沿边各省份处在"一带一路"建设的前沿阵地，要强化兴边富民行动的战略地位，就要深刻认识到兴边富民行动在"一带一路"建设过程中不可替代的作用。在兴边富民行动实施过程中，边境地区发展迎来重大机遇，边境地区的区位优势就是处在国家对外开放的前沿。要积极融入"一带一路"倡议，既要发挥市场资源配置的主体作用，促进生产要素自由聚集、合理分工，推动边境地区市场经济的孕育和成熟；又要注重政府宏观调控功能，提升边境地区对外开放水平，最大限度地发挥政策叠加优势。

### 7.2.1 边境地区发展融入"一带一路"倡议的历史沿革

兴边富民行动是一项集政治、经济、文化、教育、生态多方面于一体的综合性的边境建设工程和国家发展战略。在实施初期，兴边富民行动与西部大开发战略关系密切。但由于兴边富民行动是一个关系周边国家和强国睦邻的行动，在新时代也要契合"一带一路"倡议，恪守"一带一路"倡议开放合作、和谐包容、市场运作、互利共赢的共建原则；要服务于"一带一路"倡议政策沟通、设施联通、贸易畅通、资金融通、民心相通的合作重点；细化多边合作机制，按照共商、共建、共享的原则，对接沿线国家发展战略，使我国边境地区和兴边富民行动尽快地、有效地融入"一带一路"倡议大格局。

随着"一带一路"建设和沿边开放的深入推进,边境地区正在由历史的边缘地区成为拓展国家发展新空间的前沿地带,但是这种"边缘"到"中心"的角色转换不是一蹴而就的,要使边境地区真正成为支撑国家发展的新空间。因此,在"一带一路"建设新的背景下,进一步推动兴边富民行动,就要充分利用好"一带一路"建设的机遇创新政策实施机制,发挥沿边优势,加快边境地区开放开发步伐,充分发挥"边"的优势,通过对内对外合作加速自身区域整合进程,保持与周边国家的资源和产品来往,注重与国内相邻区域的联动和与内陆腹地城市的合作,通过跨国合作、跨地区合作,形成内外联动、工贸联动、边境地区联动的广泛合作格局,发展跨境电商、跨境物流、跨境旅游及跨境劳务等合作,实现优势互补、合作共赢,更好地参与国内社会资源分配,增添发展活力。同时,要充分发挥兴边富民行动项目资金使用外溢效应,突出项目资金杠杆撬动作用,动员更加广泛的社会资源,加大专项资金及配套资金扶持力度,从边境地区基础设施建设、民生保障、民族团结与边境安定、特色优势产业、对外文化交流合作等方面着手,注重与"一带一路"建设项目的相互配合,避免实施过程的冲突、交叉、重复、低效等弊端,形成强大合力,共同快速推进边境地区发展。

### 7.2.2 兴边富民行动融入"一带一路"建设的政策举措

#### 7.2.2.1 与"丝绸之路经济带"建设形成政策协同

2013年9月和10月,我国先后提出共建"丝绸之路经济带"与"21世纪海上丝绸之路"的重大倡议,得到世界各国的高度重视和积极响应。"丝绸之路经济带"覆盖范围广泛,是我国连接欧亚大陆的重要纽带,也是我国向西对外开放新战略不可分割的重要组成部分。

其实,在共建"丝绸之路经济带"之前,中国与周边其他各国之间就已经有了长久的联系,周边各国在发展的过程中也制定了符合自身实际的发展合作战略。"丝绸之路经济带"传承的是一种"精神",是一种互惠互利、平等互助、相互包容、相互促进、共同进步的"合作精神"。中华民族几千年来都以这种精神为基调,在发展过程中坚持"合作共赢"的原则。"丝绸之路经济带"将不同肤色、不同信仰、不同种族的各族各国人民紧密联系在一起,共同为了一个目标而坚持不懈。这是一种信仰,是一种永不过时的信仰。中国并不是孤立的,中国与其他国家的联系由来已久,彼此间一直都保持着不错的关系和友谊,双方都给予了对方充分的信任和支持。这些合作发展共赢战略将我国与周边其他各国紧密联系在一起，以一种全新的形式推动合作共赢的深层次发展，以一种全新的面貌迎接未来的挑战。"丝绸之路经济带"的提出，表明我国将加强与周边各国的联系，将我国的对外开放扩展到一个更大更广的区域，加强与"丝绸之路经济带"上周边各国的贸易。

在《推动共建丝绸之路经济带和21世纪海上丝绸之路的愿景与行动》"中国各地方开放态势"一章，开篇就是我国的西北、东北和西南地区，它们恰恰是我国边境地区的主体和兴边富民行动的主战场。因此，兴边富民行动要与"一带一路"倡议深度融合，就要与"丝绸之路经济带"建设同布局、同实施，要清晰地认识到中国不是一个独立发展的个体，"丝绸之路经济带"意味着在更大的区域范围内有更好的市场规模和潜力，也有更为优越的市场条件。中国参与之中，不仅可以增强市场竞争水平，而且可以学习到其他各国更为先进的技术，引进其他各国更为先进的基础设施，从而提高自身的生产率和技术水平。"丝绸之路经济带"的开放以经济合作为主线，以加强与其他各国的经济联系为重点，而促进经济的长期持续发展才是中心。要借助欧亚大陆先进的基础设施，加强我国和其他国家的紧密联系和多方合作，使我国和其他各国的经济繁荣昌盛，让"丝绸之路经济带"更好更快地为沿途各国人民造福，并在与周边国家政策沟通、设施联通、贸易畅通、资金融通和民心相通的过程中，进一步强化边境地区的开放前沿地位。

### 7.2.2.2 坚持边境地区经济开放发展理念

边境地区具有较大开放潜力，其地理区位因发展环境不同而显示出不同的价值。在封闭、战备年代甚至沿海率先开放年代，边境地区的地理位置不具备优势，也难以获得开放的外溢效果。但是，在开放对地区经济发展的效用得到普遍印证的情况下，保持和扩大边境地区向内、向外开放趋势，可更好地获得开放收益。"一带一路"倡议的提出，把中国与周边国家的经济更加紧密地联系起来，促进生产要素更加充分地流动，进一步释放分工合作潜力，实现中国与"一带一路"沿线各国的互利共赢。在"一带一路"建设的大背景下，边境地区处在中国与周边国家互联互通的前沿地位被进一步发掘。

首先，要重新界定边境地区的战略地位。从历史主义视角来看，边境地区被视为我国地理边缘和经济文化边缘。总体上，部分人对边境地区存在认识上的盲区：经常陷入"中心—边缘"的固化认知，有着明显的差序格局和亲疏距离。尽管通过兴边富民行动的实施，边境地区经济社会得到明显发展，社会各界对边境地区的认识加深，支持边境地区发展的主动性和责任感也明显增强，但边境地区仍未摆脱"边缘"的地位。在当前国家战略重新进行顶层设计的背景下，特别是放眼于长时段、跨区域的历史地理维度之中，"一带一路"建设将使得边境地区由"边缘"变为"中心"，逐步融入国家经济社会发展主流通道，甚至成为区域社会"中心地带"。边境地区与经济发达地区在土地、劳动力成本等方面的差异和边境地区开放政策的吸引力增强，有助于一些稀缺资源和要素向边境地区流动。在从传统社会向商业社会的转变中，边境地区的营商环境和条件也会进一步改善。因此，兴边富民行动"十四五"规划的实施，应当充分意识到边境地区不再受地理空间的局限，应将自身规划的实施融入新时代全面深化改革开放之中，主动对接和服务"一带一路"建设，推动边境地区早日成为国家深化改革开放的前沿阵地和与周边国家合作交流的桥头堡。

其次，要树立边境地区发展模式蜕变的新视域。兴边富民行动应当充分考虑边境地区未来发展模式的蜕变和快速发展的可能性，其行动规划不能仅仅单纯地关注边境地区内部结构，局限于原有实施思路和格局，更要突出推动边境地区"走出去"和"引进来"的思维导向意识。新时期的开放会带来地区制度层面和经济发展模式的改变，从根本上改变边境地区的经济基础。由于国家改革开放由沿海率先开始，东中西阶梯式发展已成为我国经济发展基本态势，边境地区作为我国政治、经济、文化发展的神经末梢，以前难以孕育成熟的市场经济，缺乏内生发展动力，严重依赖国家资源投入。党的十九大报告指出新时代要"形成陆海内外联动、东西双向互济的开放格局"，要进一步优化区域开放布局，加大西部开发力度和"一带一路"建设，这意味着国家将开启"去边境化"的新时代，边境地区不再将国家资源投入作为唯一出路，可以依靠自身边缘优势，充分发挥所在区域发展的共振效应，吸收整合周边国家和地区资源，深度参与区域发展。边境地区发展道路将由依赖国家投入的传统模式蜕变为多元利益主体共同参与开发，充分利用国内外两种资源和两个市场。

最后，要提升边境地区社会治理现代化水平。传统意义上，边境地区治理结构以国家政权力量为主体，缺乏企业、社会组织等其他主体参与，重点在于确保边境安全、政权稳定及处理各类民族事务。但改革开放以来，这种传统边境治理模式式微，边境与内地发展差距逐步拉大，走私等非传统安全威胁形势严峻，边境治理的现代化转型与重构迫在眉睫。"一带一路"倡议的提出和实施，对边境地区治理水平和能力提出了更高的要求，边境地区治理现代化程度也直接关系到"一带一路"建设能否拥有必要的运作条件及和谐稳定的内外部环境。兴边富民行动在前期实施过程中为边境地区社会治理现代化进程的推进创造了良好环境和条件，但由于兴边富民行动前期规划注重扶贫式开发，未触及边境地区传统治理结构改变，边境治理现代化仍面临巨大挑战。新时代兴边富民行动应当重新思考并积极探索边境地区社会治理现代化路径和措施，积极推进边境地区社会治理结构多元化，吸引、培育边境地区各类企业、社会组织等非政府主体，加快构建边境地区现代治理体系。

# 7.3　推动兴边富民行动与乡村振兴战略有机衔接

兴边富民行动以"富民、兴边、强国、睦邻"为最终目标，其首要目标就是"富民"。在 2020 年实现全面脱贫以后，贫困问题由绝对贫困转化为相对贫困，巩固脱贫成果、防止返贫将是乡村振兴战略的一项重点工作。"十四五"时期，兴边富民行动要与乡村振兴战略有机衔接，要更加注重提升边境地区的自身发展能力，建立防止已脱贫的群众返贫的长效机制，通过发展数字经济，利用"互联网+"、大数据等平台，减少地区行政壁垒，优化项目实施，不断探索新业态发展模式，积极推动边境地区农牧业等特色支柱产业的结构升级、优化，进一步完善产业链条，促进一、二、三产业深度融合，加快边境地区与内陆地区一体化发展的进程，实现边境地区经济的可持续发展。

因此，要重视对兴边富民行动和乡村振兴战略的内在逻辑关系的研究，这是新时代我国"三农"工作应当重点扩展的内容。兴边富民行动和乡村振兴战略有机衔接的理论逻辑有四点——"中国特色社会主义的本质要求""以人民为中心的发展思想的重要体现""迈向共同富裕和建设社会主义现代化国家的关键环节""补齐发展短板、坚持底线思维的必然选择"。兴边富民行动和乡村振兴战略的实践逻辑主要体现为在战略定位、时间节点、主要目标、重点任务、基本原则等方面存在一种具有共通性、互构性的关系。为促使兴边富民行动和乡村振兴战略能够更为有效地衔接，必须坚持底线思维、系统思维、精准思维等科学思维，必须积极构建新时代中国特色社会主义"大扶贫"格局，通过经济发展让边境地区各族人民融入我国发展的时代大环境，增强边境地区各族人民的国家认同感，强化陆地边境地区各族人民的国家主权意识。

## 7.3.1　兴边富民行动与乡村振兴战略有机衔接的重点内容

### 7.3.1.1　推动"产业兴旺"是实现兴边富民行动和乡村振兴战略有机衔接的重要前提

"农业兴、百业旺，乡村才会有活力。"乡村振兴实际上离不开农村产业的支持和社会经济的繁荣,边境地区更是如此。但由于长期受到自然环境、历史地理等现实性因素的影响和束缚,边境地区仍然存在大量的深度贫困村庄,因而需要进一步推广"产业扶贫"模式,在壮大边境地区特色产业的基础上,形成全新的农业对外开放格局,促使边境地区构建高度现代化、信息化的农村产业体系。要注重边境地区特色产业和优势产业的培育,及时调整产业结构,充分挖掘能源、生物和文化等多方面的资源,打造具有高度民族特色的新兴产业布局,实现边境地区自我发展能力的有效提升;而且还需要注重发挥边境地区与外国接壤的地缘优势,不断加强边境地区的对外开放水平,提升农产品的出口能力和国际竞争力,从而有效实现"振兴边境、富裕边民"的目标。

7.3.1.2 推动"生态宜居"是实现兴边富民行动和乡村振兴战略有机衔接的关键路径

"乡村振兴,生态宜居是关键。"结合"优势治理"的理论视角,良好的生态环境和丰富的自然资源是我国农村最大的发展优势和最为宝贵的财富,也是边境地区经济社会可持续发展的重要保障。因而必须牢固树立"绿水青山就是金山银山"理念,及时激活边境地区的生态资源优势,有效缓解深度贫困地区的发展困境。一方面,边境地区拥有特殊的自然、地理条件,需要充分挖掘其自然资源的优势,为边境地区的经济社会发展提供源源不断的"原料",并不断加强绿色发展理念的宣传,保证边境地区经济建设与环境保护实现协调发展。另一方面,在推行"生态扶贫"模式时,应当注重边境地区传统文化的继承和弘扬,要尊重民族文化习惯,在制定政策和方案时要广泛征求各民族人民的意见,避免兴边富民行动和乡村振兴战略在实施过程中出现一些不适应的情况。

7.3.1.3 推动"乡风文明"是实现兴边富民行动和乡村振兴战略有机衔接的重要方法

乡村振兴,"乡风文明"是保障。现代化村庄最为核心的标志就是具有较高的文明程度,能够在发展农村经济的同时注重加强精神文明建设、积极提高农民的整体精神面貌。因此,为促使兴边富民行动和乡村振兴战略在"乡风文明"方面有机衔接,不仅需要加大边境地区"文化扶贫"的力度,尝试从根本层面激活边境地区各族人民在乡村振兴进程当中的主体性,而且需要进一步继承、弘扬和创新边境地区所特有的村寨文化、民族文化,注重民族特色与区域特色、传统元素和现代元素的有机融合,从而推动"文化强边"政策的不断完善,促进我国边境地区文化的繁荣发展。

#### 7.3.1.4 推动"治理有效"是实现兴边富民行动和乡村振兴战略有机衔接的重要基础

"乡村振兴，治理有效是基础。"必须进一步完善我国农村社会治理体系，应当注重我国边境地区"自治、法治、德治"相结合的"箱式治理"模式的发展，进一步完善民族区域自治制度，从而提高边境地区治理现代化水平，确保边境地区农村社会和谐、稳定和可持续发展。要进一步探讨兴边富民行动和乡村振兴战略在"治理有效"方面的有机衔接路径，既要对乡村振兴战略和民族区域自治制度的内在逻辑关系加以梳理，基于乡村振兴战略背景对民族区域自治制度加以完善和创新，也要重视边境地区农村基层党建工作的推进和少数民族人才队伍的建设，扎实推进"三治融合"的"箱式治理"道路，促使我国边境地区的社会治理水平得以有效提升。

#### 7.3.1.5 推动"生活富裕"是促使兴边富民行动和乡村振兴战略有机衔接的核心举措

"乡村振兴，生活富裕是根本。"需要不断"抓重点、补短板、强弱项"，及时关注边境地区广大农民群众最关心、最直接和最现实的利益问题，积极倡导"短板治理"的发展模式，不断完善边境地区乡村振兴的基础条件，弥补相应的不足。边境地区应牢牢把握乡村振兴战略机遇，从"绝对贫困治理"向"相对贫困治理"转变，从"精准脱贫"向"精准防贫"转变，采取多元路径提升我国边境地区的经济社会发展水平。要着力推进沿边村庄建设，在综合考虑守土固边需要和具备发展条件的前提下，因地制宜合理设置边防定居点，对生存环境差、不具备基本发展条件的地区通过就地就近做好易地扶贫搬迁，鼓励和扶持边境地区常住居民抵边居住生产，完善边境地区人民的补贴机制，提高边境地区人民的补助标准，加大边境地区医疗卫生服务、乡镇干部培养等支持力度，不断改善边境地区人民的居住生产条件，确保边境线村庄居民能够生活幸福、安心守边护边、不断固边强边，做神圣国土的守护者、幸福家园的建设者。

### 7.3.2 兴边富民行动与乡村振兴战略有机衔接的可行路径

#### 7.3.2.1 坚持系统思维、底线思维和精准思维等科学思维

乡村振兴战略既是系统化、精细化工程，更是综合性工程，需要始终坚持系统思维、底线思维、精准思维的指导。边境地区的经济社会发展作为乡村振兴的重要组成部分，也依赖前述思想的指导。首先，从系统思维视角来看，乡村振兴不仅意味着要促使乡村产业、文化、社会和治理等方面的全面改善和振

兴，也意味着要实现东中西部地区、民族地区等不同区域的振兴和发展，唯有如此才能算是真正意义上的全面振兴，因而需要将边境地区"振兴边境、富裕边民"的目标纳入乡村振兴战略的系统。其次，从底线思维视角来看，当前我国边境地区面临着诸多社会问题和"底线冲击"，严重影响和制约了乡村振兴战略的实施和推进。在某种程度上可以认为，边境地区的"兴边富民"问题是实现乡村振兴战略目标的重要底线和关键短板。最后，从精准思维视角来看，由于我国农村经济社会发展在资源禀赋、文化环境等方面存在明显的区域差异，在乡村振兴战略的具体实施过程当中不能采取模板化的方式加以推进，应当结合边境地区的特点，采取因地制宜的精准化策略，从而有效助推乡村振兴战略的完善和发展。因此，为促使兴边富民行动和乡村振兴战略实现有机衔接，必须进一步转变思维观念，始终坚持系统思维、底线思维和精准思维等科学理念的指导。

### 7.3.2.2 积极构建新时代"大扶贫"格局

构建"大扶贫"格局不仅是习近平总书记对打好精准脱贫攻坚战的重要要求，也是新时代乡村振兴战略实施的重要法宝。因此，应当采取构建"大扶贫"格局来促使兴边富民行动和乡村振兴战略的有机衔接。首先，在推动边境地区实现乡村振兴的过程当中，应当注重扶贫和扶志、扶智相结合，积极采取政策宣传、文化下乡、农业技术推广等举措来推进扶贫工作，从而有效增强边境地区各族人民的自力更生、防止返贫的能力；其次，应当积极吸引更多的社会力量参与边境地区的乡村振兴工作，充分发挥社会组织、社会工作等力量的引导示范作用，有效激活边境地区各族人民的主体性；最后，应当注重"全科治理"和"箱式治理"等模式在边境地区乡村振兴过程当中的运用，要将文化扶贫、科技扶贫、生态扶贫等方面进行有机结合，从而基于多维度视角、采取多维度策略有效助推边境地区在乡村振兴战略背景下得以进一步发展，并实现"振兴边境、富裕边民"的战略目标。

### 7.3.2.3 加强兴边富民行动与乡村振兴战略的舆论宣传

针对兴边富民行动和乡村振兴战略受益对象不了解政策的情况，需要加强政策宣传力度。借助不同形式的媒介，如广播、电视、网络、报纸等，将国家对边境地区的经济及社会发展的各项政策进行详细解读，对兴边富民行动、乡村振兴战略等政策导向以及已取得的成绩、成功经验进行宣传，调动社会各界共同促进边境地区的经济发展，创设良好的政策实施环境，为兴边富民行动的继续开展奠定较好的社会舆论，特别是宣传兴边富民行动、乡村振兴战为边境地区带来的新变化，使得兴边富民行动为海内外所认知，更加深入边境地区人民的心。首先，要充分利用边境地区的党校对当地的行政干部特别是乡镇干部、村干部等进行必要的政策辅导，让他们了解兴边富民行动和乡村振兴战略的实施目标、工程和措施，使他们能在乡村振兴工作中更好地实施兴边富民行动，并能够及时反馈取得的成效。其次，要在边境口岸、边民互市点、边贸公司等享受边境政策的地方开展兴边富民行动和乡村振兴战略的宣讲活动。通过宣讲活动让从事边境贸易的边境地区人民更好地利用政策，享受政策带来的便利。

# 8 结论与展望

## 8.1 结论

我国陆地边境地区具有典型的经济地理边缘性、自然和人文地理异质性的特征，经济发展长期处于滞后状态，面临着区域内外经济社会发展不平衡和公私产品供需不充分的主要矛盾；而陆地边境地区具有地理区位特殊、民族宗教多元、战略资源储备丰富和安全屏障作用显著等特征，部分地区反分裂斗争和维稳形势复杂严峻，深刻地影响我国的边疆治理效果。为了解决边境地区面临的这些矛盾，推动其经济社会发展，国家发起了兴边富民行动，给予边境地区更多的生产要素投入、产业结构优化升级条件和制度创新空间，极大地促进了陆地边境地区的经济社会发展，提升了边境地区人民的生产生活水平。但边境地区经济发展不平衡不充分的问题仍然突出，城乡区域发展和收入分配差距依然较大。而地区经济的增长不仅依赖于资本、劳动、能源等各种生产要素的投入，还依赖于经济结构的合理性。产业结构变迁是区域经济发展的核心变量，因此本书将技术进步效应和结构变迁效应从全要素生产率中分解出来，从理论模型、实证方法和甘肃案例3个角度测算产业结构变迁对边境地区经济增长的贡献，得到以下主要结论：

（1）本书运用甘肃边境地区经济统计数据，建立基于C—D生产函数和超越对数生产函数的TFP分解模型，分析了兴边富民行动二十年来甘肃边境地区的全要素生产率增长情况，实证度量了产业结构变迁对甘肃边境地区经济增长的贡献，并将其与技术进步对经济增长的贡献相比较。研究结果表明：第一，无论是基于C—D生产函数还是基于超越对数生产函数，对TFP测算模型的参数估计结果影响都不大。第二，TFP增长率序列表现出阶段性波动特征。TFP增长率序列与GDP增长率序列保持了非常相似的波动形态，仅在个别年份发生了较大偏离。TFP 增长率对经济增长率的贡献极大,较高的 TFP 增长率总是伴随着较高的产出增长率,经济增长正从要素投入驱动转向全要素生产率驱动。第三,TFP 增长率可以分解为基于技术进步和制度完善的内部增长效应 IGE 和基于要素流动的产业结构变迁效应 TSE,二者呈现出此消彼长的关系。其中 IGE 对 TFP 增长率影响最大,但大部分年份为负值,成为阻碍 TFP 增长的主要因素。TSE 则一直处于正值区间,结构红利十分明显,对甘肃边境地区经济增长具有重要的拉动作用。甘肃边境地区目前正处于产业结构调整的红利期,其经济增长模式表现出了可持续性。但随着资源配置效率的提高,产业结构变迁效应在 2015 年后呈现明显的减弱态势。

（2）"兴边富民行动"的目标是推动边境地区经济高质量发展。在"国内大循环为主,国内国际双循环相互促进的新发展格局"背景下,兴边富民行动应强化边境地区与内陆地区的产业分工与合作,通过经济结构调整增强边境与内陆地区的经济互补性和联动性,建立起内陆地区经济对边境地区经济发展带动的机制,加快边境地区和内陆地区的经济一体化进程,实现边境地区政治、文化、社会和生态文明建设等发展目标。一是调整产业结构,加速产业升级。因地制宜出台扶持甘肃边境地区产业发展规划,制定和实施针对甘肃边境地区的产业开发政策。二是分类分区发展,发挥优势产业特色。对各边境地区的经济社会发展水平等综合实力进行评估,按照兴边富民行动的建设目标仔细对比各地的差距,对各边境地区实施"差别化"发展投入,进行针对性的帮扶。三是扩大区域经济合作,发展边境地区贸易。通过支持边境地区互市贸易、扩大区域间经济技术合作、完善产业链发展等方式,推动边境地区贸易发展。四是完善人才市场流动机制,提高劳动力配置效率。加大对边境地区的资金投入,优化资本市场结构,积极拓宽资金渠道,通过帮助广大边境地区人民脱贫致富实现各民族的共同繁荣发展。五是加大民生投入,推进公共服务均等化进程。以提高民生保障水平为重点发展目标之一,更好地解决社会大众普遍关心的就业、劳动力转移、养老保障、医疗保障、就学等方面的民生问题,实现边境地区公共事业效益的显著提升。

（3）兴边富民行动与西部大开发、"一带一路"建设、乡村振兴等其他国家战略普遍联系,需要协调推进、形成政策合力,实现边境地区可持续发展。一是推动兴边富民行动在西部大开发战略中发挥更加重要的支撑作用。充分开发边境地区特色资源,将原来的地理区位由劣势转为优势,继续创新政策实施路径,扩大政策实施效力;统筹边境地区和内陆地区的经济发展,通过强化边境地区与内陆地区的产业分工与合作,增强边境地区与内陆地区的经济互补性和联动性，补齐边境地区发展的短板，缩小区域间发展差距，实现区域间的协调、均衡与可持续发展，加大边境地区与内陆地区的经济一体化进程。二是推动兴边富民行动与"一带一路"建设深度融合。积极融入"一带一路"倡议，发挥市场资源配置的主体作用，促进生产要素自由聚集、合理分工；注重政府宏观调控功能，最大限度地发挥政策叠加优势。三是推动兴边富民行动与乡村振兴战略有机衔接。推广"产业扶贫"模式，形成全新的农业对外开放格局，促使边境地区构建高度现代化、信息化的农村产业体系；树立"绿水青山就是金山银山"理念，激活边境地区的生态资源优势，推动实现"生态宜居"；推动"乡风文明"，加大边境地区"文化扶贫"的力度，继承、弘扬和创新边境地区所特有的村寨文化、民族文化，推动"文化强边"政策不断发展；推动"治理有效"，重视边境地区基层党建和少数民族人才队伍建设，扎实推进"三治融合"的"箱式治理"道路；推动"生活富裕"，通过就地就近做好易地扶贫搬迁，完善边境地区人民的补贴机制、提高边境地区人民的补助标准，加大边境地区医疗卫生服务、乡镇干部培养等支持力度，不断改善边境地区人民的居住生产条件，实现边境地区经济的可持续发展。

## 8.2　展望

本书在经济增长和产业结构相关理论和高质量发展背景的指导下，较为系统地考察了我国陆地边境地区产业结构变迁对区域经济发展的贡献。通过个案研究，全面考察了新中国成立以来甘肃边境地区的历史发展和产业结构现状，尤其细致分析了近二十年来肃北县围绕"产业兴边"的三次产业结构调整的有效性和增长空间，并提出了推动我国陆地边境地区产业结构持续优化、经济迈向高质量发展的相关政策建议，为我国边境地区经济建设和产业结构调整提供了一定的理论参考。受到主客观因素限制，本书的研究在以下方面存在不足，有待进一步完善。

首先，本书系统梳理了古典经济增长理论、新古典经济增长理论、产业经济增长理论、产业结构理论及区域增长和产业结构关联性等相关理论，但对以上理论评述不足，对产业结构变迁与经济增长之间关系的内在机制分析得不够深入。本书在理论论证和解释方面可能不够充分，需要进一步补充和完善。

其次，受到数据可得性的限制，本书的测算指标主要涉及经济总体和各个产业的 GDP 指标、资本要素投入指标和劳动要素投入指标等。对产业结构调整对技术进步的贡献作用分析局限于产业结构的调整效应，未能从边境地区地区的所有制结构、就业结构、城乡结构等层面进行研究，有待后续进一步深入分析和全面考察。此外，本书研究只选择采用2000—2020年《甘肃发展年鉴》中边境地区的地区生产总值和三次产业增加值，未对2003—2011年第一和第三产业的增加值进行调整，数据可能不够准确全面，还需要更多边境地区长期经济发展过程中的经验观察和数据分析，以进一步验证结构效应的贡献。

最后，为验证产业结构变迁对区域经济发展的贡献，本书选取了全国范围内有一定代表性的甘肃边境地区肃北县为具体观察区，从理论分析和实证度量两个角度系统分析了近二十年来甘肃边境地区区域经济增长和产业结构变迁实际情况。虽然笔者对于我国陆地边境地区产业结构调整与经济增长的现实情况有着比较直观的感受，但是受各类条件限制，本书的研究未能对我国其他的陆地边境地区进行具体考察、案例分析和对照研究。后续研究需要获得更为全面的实证经验，进一步丰富边境经济研究文献。

对产业结构变迁和经济增长关系问题的研究是一个内容广泛的课题。随着经济理论的发展和现实矛盾的不断变化，研究内容不断增加，研究方法不断完善，研究思路不断创新。从产业结构优化的角度研究边境地区的经济增长，是一项具有开创性和挑战性的工作，今后还需要对以下两个方面的问题进行深入研究：

第一，由于边境地区经济地理边缘性和国际地缘政治的前沿性，产业结构优化和经济发展是否存在适度比例和规模？

第二，在社会主义市场经济条件下，在边境地区经济结构优化持续推动经济发展的背景下，我国边境地区的公有制经济与私有制经济是否存在合理比重？

由于时间仓促，笔者学识水平有限，书中难免存在疏漏和不妥之处，恳请读者批评指正。

# 参考文献

[1] 阿塞默格鲁，罗宾逊. 政治发展的经济分析：专制和民主的经济起源 [M]. 马志文，译. 上海：上海财经大学出版社，2008.

[2] 奥斯特罗姆，菲尼，皮希特. 制度分析与发展的思考：问题与抉择 [M]. 王诚，译. 上海：商务印书馆，2001.

[3] 巴罗. 经济增长的决定因素：跨国经验研究 [M]. 李剑，译. 北京：中国人民大学出版社，2004.

[4] 布坎南. 成本与选择 [M]. 刘志铭，李芳，译. 杭州：浙江大学出版社，2009.

[5] 蔡昉. 从人口红利到改革红利 [M]. 北京：社会科学文献出版社，2014.

[6] 蔡巧. 破解中国经济发展之谜 [M]. 北京：中国社会科学出版社，2014.

[7] 崔庆波. 自由贸易区的产业结构效应研究 [D]. 昆明：云南大学，2017.

[8] 杜国川. 民族学视角下兴边富民行动的实施成效研究 [D]. 延吉：延边大学，2013.

[9] 多恩布什，费希尔，斯塔兹. 宏观经济学（第7版）[M]. 范家骧，译. 北京：中国人民大学出版社，1997.

[10] 樊盛根，张晓波，ROBINSON S. 中国经济增长和结构调整 [J]. 经济学（季刊），2002（2）：181-198

[11] 费景汉，拉巧斯. 增长与发展：演进观点 [M]. 洪银兴，译. 北京：商务印书馆，2004.

[12] 干春巧，郑若谷，余典范. 中国产业结构变迁对经济增长和波动的影响 [J]：经济研究，2011（5）：4-31.

[13] 高鸿鹰. 新结构主义经济发展理论评述 [J]. 经济学动态，2011

（2）：111-116.

［14］葛新元.中国经济结构变化对经济增长的贡献的计量研究［J］.北京师范大学学报（自然科学版），2000（1）：43-48.

［15］管谦.内蒙古兴边富民行动绩效评估研究［D］.北京：中央民族大学，2013.

［16］郭金龙，张许颖.结构变动对经济增长方式转变的作用影响［J］.数量经济技术经济研究，1998（9）：38-40.

［17］郭佩颖.产业结构变动与经济增长的收敛性［D］.长春：吉林大学，2013.

［18］郭庆旺，贾俊雪.中国全要素生产率的估算1979—2004［J］.经济研究，2005（6）：51-60

［19］韩廷春.结构变动与经济增长［J］.湘潭大学社会科学学报，2000（4）：41-45.

［20］郝大明.我国劳动力资源配置效率的实证研究［D］.北京：首都经济贸易大学，2007.

［21］侯新烁.经济结构与区域增长关系研究：基于空间尺度效应的分析［D］.重庆：重庆大学，2014.

［22］胡怀邦.改革：实现"中国梦"的动力之源［J］.学习月刊，2013（7）：4-5.

［23］胡俊文."雁行模式"理论与日本产业结构优化升级［J］.亚太经济，2003（4）：23-26

［24］胡骞文.基于产业结构视角的广东区域经济差距研究［D］.广州：广东省社会科学院，2019.

［25］胡晓鹏.中国经济增长与产业结构变动的联动效应分析［J］.产业经济研究，2003（6）：33-40.

［26］柯武刚，史漫飞.制度经济学社会秩序与公共政策［M］.韩朝华，译.北京：商务印书馆，2000.

［27］克鲁格曼.萧条经济学的回归［M］.朱文时，王玉清，译.北京：中国人民大学出版社，1999.

［28］库兹涅茨.现代经济增长：速度、结构与扩展［M］.戴睿，易诚，译.北京：北京经济学院出版社，1992.

［29］魁奈.魁奈经济著作选集［M］.吴斐丹，张草劲，译.北京：商务印书馆，1979.

［30］拉迪. 中国经济增长，靠什么［M］. 熊祥，译. 北京：中信出版社，2010.

［31］雷钦礼. 中国经济结构的演化及其增长效益的测度分析［J］. 统计研究，2007（11）：8-14.

［32］连成顺. 浅论中国产业结构优化升级存在的问题及对策［J］. 经济研究导刊，2009（9）：25-27.

［33］林毅夫，陈斌开. 发展战略、产业结构与收入分配［J］. 经济学（季刊），2013（7）：1009-1040.

［34］林毅夫. 探寻中国经济背后的逻辑（上）［J］. 名家论坛，2013（10）：30-35.

［35］林毅夫. 探寻中国经济背后的逻辑（下）［J］. 名家论坛，2013（11）：14-19.

［36］林毅夫. 新结构经济学的理论框架研究［J］. 产业经济学，2013（3）：18-23.

［37］林毅夫. 新结构经济学：重构发展经济学的框架［J］. 经济学（季刊），2010（10）：1-32

［38］刘世锦. 中国产业结构变动的趋势［J］. 集体经济，2001（1）：8-9.

［39］刘伟，张辉. 中国经济增长中的产业结构变迁和技术进步［J］. 经济研究，2008（11）：4-15.

［40］刘志彪，安同良. 中国产业结构演变与经济增长［J］. 南京社会科学，2002（1）：1-4.

［41］卢中原. 西部地区产业结构变动趋势、环境变化和调整思路［J］. 经济研究，2002（3）：83-90.

［42］罗兰. 转型与经济学［M］. 张帆，译. 北京：北京大学出版社，2002.

［43］麦迪森. 中国经济的长远未来［M］. 楚序平，吴湘般，译. 北京：新华出版社，1998.

［44］诺斯. 经济史中的结构与变迁［M］. 陈郁，罗华平，译. 上海：上海人民出版社，上海三联书店，1994.

［45］诺斯. 制度、制度变迁与经济绩效［M］. 杭行，译. 上海：上海三联书店，1994.

［46］配第. 政治巧术［M］. 马妍，译. 北京：中国社会科学院出版社，2010.

［47］钱纳里，鲁滨孙，塞尔奎因，等. 工业化和经济增长的比较研究［M］. 吴奇，王松宝，译. 上海：上海三联书店，上海人民出版社，1995.

［48］巧红安，常艳. 西方产业结构理论的形成发展及其研究方法［J］. 生产力研究，2007（21）：113-114.

［49］全坚. 基于CGE模型的广西土地整治重大工程社会经济效应研究［D］. 桂林：广西师范大学，2012.

［50］邵之然. 全要素生产率、产业结构与经济增长［D］. 上海：上海社会科学院，2013.

［51］斯蒂格利茨. 经济学［M］. 姚开建，刘凤良，吴汉洪，等译. 北京：中国人民大学出版社，2000.

［52］斯蒂格利茨. 社会主义向何处去：经济体制转型的理论与证据［M］. 周立群，韩亮，于文波，译. 长春：吉林人民出版社，1998.

［53］斯蒂格利茨. 政府为什么干预经济：政府在市场经济中的角色［M］. 郑秉文，译. 北京：中国物资出版社，1998.

［54］斯密. 国民财富的性质和原因的研究［M］. 郭大丸，王叱南，译. 北京：商务印书馆，1979.

［55］肃北蒙古族自治县志编纂委员会. 肃北蒙古族自治县志［M］. 甘肃：甘肃人民出版社，2014.

［56］孙李教. 我国兴边富民行动的绩效评估：基于准自然实验法的实证［D］. 南宁：广西民族大学，2018.

［57］索洛. 经济增长理论：一种解说［M］. 胡汝银，译. 上海：上海人民出版社，1998.

［58］唐震. 劳动力再配置效应对中国经济增长和地区差距的影响研究［D］. 南京：南京农业大学，2009.

［59］汪轶群. 基于AHP方法对兴边富民行动项目效率评估［D］. 北京：中央民族大学，2012.

［60］王小平. 边境贸易发展及其产业结构效应研究：以内蒙古为例［D］. 武汉：武汉理工大学，2016.

［61］杨俊蕊. 产业间要素配置对我国经济增长的影响研究［D］. 新乡：河南师范大学，2019.

［62］杨凌. 产业结构变迁对区域经济增长差异的影响研究［D］. 西安：西安交通大学，2010.

［63］袁航，朱承亮. 西部大开发推动产业结构转型升级了吗?：基于

PSM—DID 方法的检验 [J]. 中国软科学, 2018 (6): 67-81.

[64] 张勋, 王旭, 万广华, 等. 交通基础设施促进经济增长的一个综合框架 [J]. 经济研究, 2018 (1): 50-64

[65] 周业静. 我国产业结构变动对全要素生产率的影响研究 [D]. 北京: 中国社会科学院研究生院, 2018.